2012 年全国高校优秀中青年思想政治理论课教师择优资助计划项目"马克思主义政治经济学几个重要热点问题研究"成果

马克思主义理论学科研究丛书

总主编 王宗礼

马克思主义政治经济学热点问题研究

马俊峰 马应超◎著

中国社会科学出版社

图书在版编目（CIP）数据

马克思主义政治经济学热点问题研究／马俊峰，马应超著 . —北京：中国社会科学出版社，2016.9

（马克思主义理论学科研究丛书）

ISBN 978-7-5161-8828-6

Ⅰ. ①马…　Ⅱ. ①马…　②马…　Ⅲ. ①马克思主义政治经济学—研究　Ⅳ. ①F0-0

中国版本图书馆 CIP 数据核字（2016）第 205098 号

出　版　人	赵剑英
责任编辑	喻　苗
责任校对	胡新芳
责任印制	王　超

出　　　版	中国社会科学出版社
社　　　址	北京鼓楼西大街甲 158 号
邮　　　编	100720
网　　　址	http://www.csspw.cn
发 行 部	010-84083685
门 市 部	010-84029450
经　　　销	新华书店及其他书店

印　　　刷	北京明恒达印务有限公司
装　　　订	廊坊市广阳区广增装订厂
版　　　次	2016 年 9 月第 1 版
印　　　次	2016 年 9 月第 1 次印刷

开　　　本	710×1000　1/16
印　　　张	12.25
插　　　页	2
字　　　数	178 千字
定　　　价	46.00 元

前　言

　　马克思主义自诞生以来，在指导工人运动和社会主义革命、建设、改革的过程中，取得了举世瞩目的光辉成就，深刻地改变了世界格局和人类社会的发展走向；为人类社会昭示出了新的发展前景。尽管马克思主义的反对者们一再声称马克思主义已经过时，但当人类社会发展出现困境时，人们却不约而同地回到马克思的思想资源中寻求破解困境的灵感，以马克思主义为指导的社会主义制度也在遭遇挫折后焕发出了新的生机和活力。从一定意义上来说，当代资本主义社会之所以能摆脱过去周期性经济危机的魔咒，也得益于马克思主义对资本主义制度的深刻批判。无论是19世纪中后期欧洲资本主义克服经济危机的努力，还是2008年世界金融危机后马克思主义著作在西方世界的热销，无论是马克思被西方思想界评为"千年第一思想家"的现象，还是马克思主义不断地被他的敌人所诋毁，无不显示出马克思主义巨大的思想影响力和持久的生命力。

　　马克思主义的巨大思想影响力和持久的生命力来自于其科学性和真理性。正如习近平总书记《在哲学社会科学工作座谈会上的讲话》中所指出的，"马克思主义尽管诞生在一个半多世纪之前，但历史和现实都证明它是科学的理论，迄今依然有着强大生命力。马克思主义深刻揭示了自然界、人类社会、人类思维发展的普遍规律，为人类社会发展进步指明了方向；马克思主义坚持实现人民解放、维护人民利益的立场，以实现人的自由而全面的发展和全人类解放为己任，反映了人类对理想社会的美好憧憬；马克思主义揭示了事物的本质、内在联系及发展规律，是'伟大的认识工具'，是人们观察世界、分析问题的有力思想武器；马克思主义具有鲜明的实践品格，不仅致力于科学'解释世界'，而且致力于积极'改变世界'。在人类思想史上，还没有一种理论像马克思主义那样对人类文明进步产生了如此广泛而巨大的影响。"

马克思主义并没有穷尽真理，它是随着时代的发展和人类实践活动的发展而不断发展的。作为一种科学的世界观和方法论，作为一种"伟大的认识工具"，马克思主义必须不断地直面时代发展变化的挑战，回答不同历史发展阶段提出的重大课题。在马克思和恩格斯生活的时代，虽然资产阶级统治已经在主要资本主义国家得以确立，资本主义制度正处在上升时期，但资本主义社会的固有矛盾已经开始暴露，无产阶级和资产阶级的矛盾已经日趋显现，在这样的历史背景之下，马克思和恩格斯面临的时代课题，就是站在无产阶级的立场上，揭示资本主义社会的内在矛盾，探讨资本主义社会的运动规律，为社会主义制度取代资本主义制度提供理论论证。马克思正是通过唯物史观和剩余价值学说这两大发现，实现了社会主义由空想到科学的发展，为当时工人运动的发展提供了科学的指南和正确的方向。19 世纪末到 20 世纪 20 年代，资本主义社会发展到了一个新的阶段，即帝国主义阶段，资本主义社会的固有矛盾呈现出新的特征，由于资本主义经济政治发展不平衡规律的作用，帝国主义之间的矛盾尖锐化，人类社会进入到了一个以战争和革命为时代主题的新时代。面对时代主题的变化和工人运动面临的新形势新任务，列宁深刻地分析了帝国主义阶段资本主义社会基本矛盾的变化，探讨了帝国主义时期的主要矛盾和发展规律，深刻揭示了社会主义可以在一个国家率先取得胜利的历史必然性，领导俄国无产阶级和人民群众推翻了沙皇专制统治，建立了人类历史上第一个社会主义国家，实现了社会主义由理论到现实的伟大转变，开辟了人类历史的新纪元，也为后世提供了坚持和发展马克思主义的光辉范例。

"十月革命一声炮响，给我们送来了马克思主义"。马克思主义传入中国之时，正值中华民族处在亡国灭种的民族危亡关头，中国社会正处在半殖民地半封建社会的深渊。自 1840 年鸦片战争以来，古老的中国遭逢"三千年未有之大变局"，一批批先进的中国人不断探寻着救国救民的道路，封建社会的开明人士推行的洋务运动失败了，资产阶级维新派发动的维新变法运动也没有取得成功，洪秀全等人发动的旧式的农民起义失败了，孙中山等人领导的资产阶级民主革命运动也夭折了。马克思主义传入中国以后，使正在苦苦寻求救国救民之道的中华民族的优秀分子找到了新的希望。以李大钊、陈独秀等人为代表的先进的中国人开始研究马克思主义、宣传马克思主义，马克思主义与中国工人运动相结合，产生了中国共产党，从此，中国革命的道路才展现出了光明的前景，中华民族的命运才出现了历史性的转机。

但是，如何在一个半殖民地半封建的落后的东方大国实现民族独立、人民解放并进而建立社会主义制度，是马克思恩格斯乃至列宁从未遇到更不可能回答过的问题。这是历史和时代给中国共产党人提出的新的严峻课题。对此，中国共产党人进行了艰苦的探索。以毛泽东同志为代表的中国共产党人，顺应时代要求，把马克思主义的普遍原理与中国的实际相结合，创造性地推进了马克思主义中国化，实现了马克思主义中国化的第一次历史性飞跃，形成了马克思主义中国化的第一大理论成果——毛泽东思想。正是在毛泽东思想的指导下，中国人民经过艰苦卓绝的努力，推翻了帝国主义的殖民统治，建立了新中国，实现了民族独立和人民解放，建立了社会主义制度，为中国社会的进步和中华民族的发展奠定了坚实的基础。

社会主义制度的建立，深刻地改变了中国社会的基本结构和基本面貌，为中国社会的进步奠定了坚实的基础。但是在一个生产力水平十分低下，农村人口占绝大多数、封建传统根深蒂固的东方大国，建设什么样的社会主义、如何建设社会主义，是历史和时代给中国共产党人提出的又一崭新的课题。对此，中国共产党人进行了不懈的理论与实践探索，其间有挫折、有教训，也有成功的喜悦。改革开放以来，以邓小平同志为代表的中国共产党人，坚持实事求是的思想路线，把马克思主义的普遍原理与中国的实际相结合，实现了马克思主义中国化的第二次理论飞跃，形成了包括邓小平理论、三个代表重要思想、科学发展观等在内的中国特色社会主义理论体系。正是在中国特色社会主义理论体系的指导下，中国社会主义建设和改革事业才取得了举世瞩目的伟大成就。

历史和实践已经证明，坚持和发展马克思主义，是我国革命、改革和建设事业取得成就的根本保障。但是，我们也要清醒地看到，当今时代，随着经济全球化、政治多极化、社会信息化、文化多元化向纵深发展，人类社会面临的各种矛盾和问题空前复杂，意识形态领域的斗争愈演愈烈，马克思主义也面临着许多新的挑战。坚持和发展马克思主义，必须要深入研究马克思主义的基本原理，特别是要深入研究和学习马克思主义的经典著作，拨开各种强加于马克思主义身上的迷雾，还马克思主义以本来面目；坚持和发展马克思主义，还必须坚决反对对待马克思主义的教条主义和实用主义态度。马克思主义不是僵死的教条，也不是随意剪裁的"百宝箱"，如果不顾历史条件的变化，把马克思主义经典作家针对特定历史条件、特定情境讲过的每一句话，都当成普遍真理，照抄照搬，显然不是对待马克思主义的正确态度，而如果凡事都要从马克思主义经典作家的著作中去寻找答案，按照主观需要裁剪马克思主义这个整体，随意从马克思主义的经典著作中寻章摘句，同样也不是对待马克思主义的正确态度；坚持和发展马克思主义，还必须不断地推进马克思主义的中国化、时代化和大众化，必须坚持运用马克思主义的立场、观点和方法，研究和回答我国改革开放和社会主义现代化建设中的重大理论与实际问题；坚持和发展马克思主义还必须在真学、真信、真懂、真用上下功夫，要认真研究马克思主义经典著作，掌握马克思主义的立场、观点与方法，把握马克思主义的思想精髓，自觉地用马克思主义的世界观和方法论，分析问题，指导实践。

坚持和发展马克思主义必须不断深化对马克思主义的理论研究。改革开放以来，中央高度重视马克思主义理论研究，深入推进马克思主义理论研究与建设工程、马克思主义理论学科建设、马克思主义学院建设，马克思主义理论研究正在向纵深发展。但正如习近平总书记所说，我们"也有一些同志对马克思主义理解不深、理解不透，在运用马克思主义立场、观点、方法上功力不足、高水平成果不多，在建设以马克思主义为指导的学科体系、学术体系、话语体系上功力不足、高水平成果不多。社会上也存在一些模糊甚至错误的认识。有的认为马克思主义已经过时，中国现在搞的不是马克思主义；有的说马克思主义只是一种意识形态说教，没有学术上的学理性和系统性。实际工作中，在有的领域中马克思主义被边缘化、空泛化、标签化，在一些学科中'失语'、教材中'失踪'、论坛上'失声'。因此，加强马克思主义理论研究是高校马克思主义理论学科和哲学社会科学工作者义不容辞的光荣使命。"

西北师范大学马克思主义学院有着悠久的办学历史和较为深厚的学术积淀，其前身是 1953 年成立的马列主义教研室，1959 年成立了政治教育系，开始招收思想政治教育专业本科生。经过历代学人的辛勤耕耘，现已成为甘肃省重要的马克思主义理论学科人才培养和学术研究基地，学院设有马克思主义基本原理和思想政治教育两个二级学科博士点，马克思主义理论一级学科硕士学位点，拥有马克思主义理论博士后科研流动站，马克思主义理论学科为甘肃省省级重点学科。学院拥有一支政治立场坚定、结构合理、业务水平较高的师资队伍，近几年来编辑出版有《马克思主义理论研究》连续出版物。为了进一步加强马克思主义理论学科建设，提升中青年教师的教学科研能力，学院组织中青年教师进行科研攻关，编写了这套"马克思主义理论学科问题研究"书系。希望本丛书的出版能够为马克思主义理论学科教学科研人员和其他读者提供学习和研究马克思主义的参考材料，也希望得到专家学者的批评指正。

目　录

第一章

马克思主义政治经济学与西方
经济学关系问题研究

　　马克思主义政治经济学是基于历史唯物主义的视角，对资本主义生产方式进行深入的研究，剖析资本主义社会的生产力与生产关系的矛盾运动，阐明资本主义内部矛盾激化，刺激社会革命发生，最终使得一种新型社会取代资本主义社会。从这个意义上讲，马克思主义政治经济学是以科学方式论证"社会主义必然胜利，资本主义必然灭亡"这样一个社会历史发展趋势。而西方经济学基于经济运行规律，研究资源配置，以及各种经济活动中的数量变动和数量之间的关系，试图从根本上阐明企业和社会利润最大化的理论，这二者之间的哲学基础和假设前提存在着重大差别，这使得二者在理论旨趣和功能上呈现出不同样态，并使得社会发展理论在解释力和创造力方面表现为不同层次和水准。

一　马克思主义政治经济学与西方经济学在国内外高校教学研究中的现状和问题及基本判断

　　马克思认为，光是理论趋向现实是不够的，还需要现实趋向理论。这就是说，为了使得理论之树生命常青，我们必须使得理论回到现实，随着现实的发展，不断地更新理论，这样的理论才能真正指导实践。因此，我们要研究马克思主义政治经济学与西方经济学发展状况，很有必要对两者在学术前沿研究的境况做一番考察，这样才能对症下药，做到具体问题具体分析和解决。

（一）马克思主义政治经济学与西方经济学在国内外高校教学研究中的现状与问题

美国波士顿当地时间 2011 年 11 月 2 日中午，在哈佛大学经济学教授、著名经济学家格雷·曼昆的《经济学十讲》课堂上，约 70 名学生起身离开罢课，并在《致曼昆的公开信》中，表达了他们"对于这门导引性经济学课程中根深蒂固的偏见的不满"。其实早在 2003 年，700 多名哈佛学生和毕业生就签署了一封对哈佛大学经济学系的请愿书，请愿书要求对《经济学十讲》进行改革以促进经济学课程的多元化，尤其是要求提供具有更广视野和批判性思考的替代性导论课程。原因是《经济学十讲》是当时哈佛大学提供的唯一的经济学导论必修课程，而该导论课程就是由讲授者 M. 费尔德斯坦（M. Feldstein）教授自己或同类经济学家所撰写新古典经济学的各种模型。

无独有偶，在英、法等国也有类似事件发生。2000 年 7 月，法国爆发了"后我向思考"（post-autistic）经济学革新运动，表达对经济学课程表中居压倒性支配地位的新古典理论及其方法——"我向思考的"（autistic thinking）经济学——狭隘的视野、只是做离群索居自我封闭的思索，从而只能集中于自身的智力游戏之中，并把数学本身当成追求的目标，而排除或禁止批判性的强烈不满。2008 年 11 月，英国女王访问伦敦经济学院，向学者们提出"为什么没有人预见到信贷紧缩？"对于这个所谓的"女王之问"，英国一些经济学家联合上书指出："经济学家的受训面太窄，只关注数学技术和建构不依赖经验的形式模型，这是我们这一职业失败的主要原因。在许多主流经济学学术期刊和院系中存在的为数学而数学的研究追求进一步加剧了这一缺陷"，正是"这一不大关注现实世界的对数学技术的偏好，让许多经济学家偏离了至关重要的整体性观察的轨道。这导致经济学家们无法对经济学分支领域的过度专业化及进一步探讨损害大局观念形成的原因之动力进行反思"。

上述几个事件的发生不是孤立的，也不是偶然的，而是 20 多年来西方社会各界对于西方主流经济学反思的延续。

但是非常令人不解的事实却是，西方新古典经济学 20 多年衰落、反思的过程，也正是我国国内把它捧若至宝、大量引进的过程；同时也是马克思主义政治经济学的指导地位发生动摇、业已边缘化的过程。特别是 20 世纪 90 年代后期以来，各个高校在政治经济学和西方经济学的课程设置、教材内容、考研科目、师资政治素质和学科建设等方针上一直有重大分歧和争论。许多人对"以马克思主义政治经济学为核心的教学体系和研究体系不断被排斥和贬低，而以西方经济学为核心的教学体系和研究体系不断被误升和渲染"的情形莫衷一是、看法不一。2005 年下半年，以我国老一辈马克思主义经济学家刘国光发表在《高校理论战线》上的文章《对经济学教学和研究中一些问题的看法》为标志，把社会各界对"当前理论经济学教学与研究中，西方经济学的影响上升、马克思主义经济学的指导地位被削弱"这一被媒体称为"刘国光之忧"的问题的讨论推向了高潮。

不得不承认，在我国政治经济学领域内，马克思主义政治经济学当前总的状况是处于"退却"的态势：

从研究对象上说，从政治经济学研究生产关系退到研究生产力，退到研究资源配置，所有制问题被取掉，而只研究产权关系。从揭示生产关系的本质的体系以及它如何推动社会生产力发展，退到研究经济运行问题。

从研究任务来说，从揭示经济运动的客观规律，退到讳言规律，认为重要的在于描述现象并证明其表面联系，否定国家宏观调控的必要性，过分迷信"看不见的手"。

在研究方法上，从马克思主义政治经济学的从抽象上升到具体和历史与逻辑分析相结合的叙述方法，退到"实证科学"的经济学体系。

在研究假设上，不从一定阶段的生产关系出发，在生产关系与生产力的矛盾运动中揭示一定社会的发展规律，主张把"经济人"假设作为基本出发点。

在价值立场上，马克思主义政治经济学是培养人们的立场观点和方法的，现在一些人忌讳谈立场，一些基本观点和基本原理轻易地被宣布为"过时"或"带有空想性质"的个别结论，认为马克思在政治经济学方面给我们留下的只剩一个方法还管用，即历史唯物主义方法论，对马克思的一些基本理论产生动摇。正是马克思主义政治经济学在这样一些根本问题上的"退却"，为西方经济学的"进入"让出了空间。

而在马克思主义经济学的具体教学研究环节上，也存在着诸多"缺位"或"退位"的情形。调研表明：

在理论经济学专业本科和研究生的课程体系中，西方微观经济学与宏观经济学的总课时均大大超过政治经济学资本主义部分与社会主义部分，普遍多达1—3倍。

在非理论经济学的所有经济类和经济管理类的专业中，或者只在思想理论课模块中，占有并讲授有关马克思主义经济理论和社会主义经济理论共30课时；或者在思想理论课模块中不讲授，另外开设政治经济学资本主义部分和社会主义部分40课时。这样，政治经济学的教学根本无法进行案例教学、实证分析与数理模型推导等一系列改革和创新教学，严重影响革新和教学效果。在非理论经济学的所有经济类和经济管理类专业的硕士和博士研究生入学考试中，均不考政治经济学，不承认政治经济学是学术，连政治经济学同西方经济学在考试中平起平坐都不承认。就算硕士生入学政治课考试中含有20分的政治经济学内容，但在财经类统考"经济学"的150分中，几乎全部归于西方经济学而没有政治经济学的比例。

普遍采用未经科学分析的西方经济学原版教材，并以基本肯定其核心理论的方式向学生传授和宣传，包括宣扬"自私经济人"、"公有制不如私有制"、"资本主义优于社会主义"、"市场原教旨主义"、"私有制无剥削"等基本原理，导致学生和中青年教师的理论倾向与政治信仰问题突出。

从事西方经济学教学和研究的教师，尤其是在西方非马克思主义教授培养并获得学位的人中间，不赞成或坚决反对马克思主义及其经济学的人日益增多，却被选聘为学术单位的领导和学科带头人，甚至违反国际惯例而用紧缺的国家教育经费，超中国院士甚至国际大学标准的高薪聘任这类海外社科学者，使广大师生感到不少重点大学是支持和重用反马克思主义经济学的学者的。

上述做法与《中共中央关于进一步繁荣发展我国哲学社会科学的意见》、《实施国家马克思主义理论研究与建设工程》等文件精神严重背逆，近年有日趋加重之势。

以中国社会科学院马克思主义研究学部为依托的"加强马克思主义理论研究和建设问题研究"课题组的专门调研同样表明：在知识分子队伍中，认为马克思主义已经过时的观点，仍有相当的市场，某些理论工作者和高校教师，甚至在课堂内外公开提出马克思主义基本原理已经过时，认为马克思主义中国化的理论成果解决不了当前中国的实际问题，主张用非马克思主义的思想取代马克思主义。调研还表明，西方自由主义和西方主流理论过度泛滥，对马克思主义意识形态造成一定冲击。在调查共产主义理想信念产生危机的原因时，认为是由于西方学术思潮的影响造成的占52%。

关于有效防范敌对势力在意识形态领域的渗透，确保国家文化安全所面临挑战的调研显示，对西方意识形态渗透的防范不力，致使各种西方意识形态和学术思潮不加节制地涌入我国，对我国马克思主义在哲学社会科学中的指导地位造成了严重冲击。不少高校在思想、文化和学术等领域，淡化马克思主义意识形态和学术的情况比较严重。有的把马克思主义同学术和文化对立起来，以学术和文化的非意识形态化为借口，否认马克思主义在哲学社会科学中的指导地位。在高校的课程设置和教学内容安排方面，也普遍存在削弱马克思主义指导地位的现象。调查马克思主义被弱化的原因时，有51%的人认为是由于西方主流思想理论的影响造成的。

造成以上问题的成因非常复杂。有院校经济学的教育方针不明确，目标不明确，进而在教材引进和教师队伍、干部队伍中引起不必要的混乱；有意识形态领导权问题，甚至对中国改革开放是西方经济学指导下还是马克思主义经济学指导下取得的疑问；有对经济学的教育既是意识形态的教育，也是分析工具的教育的权衡把握不准；更有建设中国特色经济学话语体系"刚破题"过程的苦恼和困惑：马克思经济学本身存在的缺陷需要理论创新，马克思经济学在传承中的蜕化亟需纠正，国内功利主义学风和相应学术制度的无形压制需要破除，国内马克思主义经济学研究方式上具有强烈的经院特性需要创新等等。

（二）本研究的基本判断

本研究认为，中国在马克思主义经济学基本原理指导下，努力探索中国特色社会主义建设道路，并在改革开放过程中确立了社会主义初级阶段理论，开辟和形成了唯一正确的中国特色社会主义道路；计划与市场关系问题是中国经济学界研讨的第一大热点，其突出成果是确立了社会主义市场经济论；所有制理论和分配理论的重大突破：确认公有制为主体、多种所有制经济共同发展平等竞争，股份制是公有制主要实现形式，按劳分配与按生产要素分配相结合；探索国民经济从封闭半封闭走向开放，以开放促改革、促发展，"引进来"与"走出去"互相结合，逐步形成顺应经济全球化的对外开放理论；经济增长与发展理论越发受重视，改革开放后在"发展是硬道理"和"科学发展观"指导下，着力研究实现什么样的发展、怎样发展问题，研究中国工业化、城市化、现代化的规律性；经济学方法重大革新；注重创新，紧密联系实际，充分吸收现代经济学有用成果，重视实证研究和数量分析，勇于提出各种对策建议。以上事实充分说明，中国改革开放是在马克思主义经济学指导下取得的，如果不承认这一点，那是别有用心。

本研究也认为，国内西方经济学教学研究陷入了一系列理论误区：一是以为西方经济学具有普遍适用性，而不承认西方经济学的阶级性。二是以为西方经济学是纯科学，而不承认西方经济学是西方主流社会的一种意识形态。三是以为西方经济学讲的是客观经济真理，而不承认价值判断在西方经济学中起着重要作用。对价值判断与西方经济学的关系研究有素的西方经济学家豪尔绍尼指出："价值判断经常在经济学中发挥重要作用……它们影响着经济学家所作出的政策建议以及他们对不同经济组织体制的优缺点所作出的判断。"① 1974 年诺贝尔经济学奖得主缪尔达尔在其《社会研究中

---

① 《新帕尔格雷夫经济学大辞典》第 4 卷，经济科学出版社 1992 年版，第856页。

的客观性》一书中也指出："事实上，没有任何社会科学或社会研究的分支是'道德中性的'（amoral）或'政治中性的'（apolitical）。没有任何社会科学是'中性的'或简单来说是'事实的'，实际上在这些词的传统意义上来说也不可能是'客观的'。任何研究永远是并且在逻辑上必然是建立在道德和政治评价的基础之上的，研究者必须明确表明自己的价值观。"我们必须认识到，即使存在价值判断，也并不损害经济学的科学性，因为科学本身就体现为主体对客体的认知，从而具有一定的主观性。例如，当斯密写《国富论》时，他曾全部把同情给予劳动者，而对土地所有者和资本家则采取了一个完全旁观者的态度，认为后者是必要的恶。因此，熊彼特认为，斯密的著作中不是没有意识形态的偏袒，而是这些偏袒无害。

本研究认为，必须重建国内西方经济学教学研究的科学态度。对待西方经济学的"洋教条"即全盘接受的态度和"马教条"即全部否定的态度，都不是马克思主义应有的科学态度和实事求是的态度。在这方面，马克思对待资产阶级经济学家的科学态度给我们树立了榜样和模范。马克思的著作表明，他的态度是实事求是，对具体的问题、具体的人做具体的分析。他对当时的各种经济学著作都认真阅读，凡是正确的就肯定，并加以利用；凡是错误的就进行批判。即使是对同一个经济学家也有褒有贬，例如，他对马尔萨斯，一方面指出马尔萨斯是"剽窃能手"，是"统治阶级的辩护士，是统治阶级的无耻的献媚者"。另一方面又指出："理解［剩余］价值的产生是困难的……马尔萨斯至少试图科学地处理问题。"并且说："马尔萨斯的上述三部著作的真正贡献在于，他强调了资本与雇佣劳动之间的不平等交换。"在马克思的笔下，马尔萨斯这个被称为庸俗经济学家的人，也试图在经济理论上科学地处理问题，并做出了真正的贡献。

在这方面，中共领袖人物的态度也值得推崇。譬如，早在改革开放初期，邓小平就敏锐地看出并尖锐地指出了"一窝蜂地盲目推崇"西方哲学思潮、西方经济学思潮、西方社会政治思潮和西方文学艺术思潮的严重性和危害性。他提出"从中央到地方，各级党委的主要负责人一定要重视理论界文艺界以及整个思想战线的情况、问题和工作。首先要认识目前问题的严重性，认识改变思想战线的领导软弱涣散状况的迫切必要性"。邓小平指出："对于现代西方资产阶级文化，我们究竟应当采取什么态度呢？经济上实行对外开放的方针，是正确的，要长期坚持。对外文化交流也要长期发展。经济方面我们采取两手政策，既要开放，又不能盲目地无计划无选择地引进，更不能不对资本主义的腐蚀性影响进行坚决的抵制和斗争。为什么在文化范围的交流，反倒可以让资本主义文化中对我们有害的东西畅行无阻呢？……属于文化领域的东西，一定要用马克思主义对它们的思想内容和表现方法进行分析、鉴别和批判。……但是，现在有些同志对于西方各种哲学的、经济学的、社会政治的和文学艺术的思潮，不分析、不鉴别、不批判，而是一窝蜂地盲目推崇。对于西方学术文化的介绍如此混乱，以至连一些在西方国家也认为低级庸俗或有害的书籍、电影、音乐、舞蹈以及录像、录音，这几年也输入不少。这种用西方资产阶级没落文化来腐蚀青年的状况，再也不能容忍了。"邓小平指出：对国内出现的"一窝蜂地盲目推崇"西方哲学思潮、经济学思潮、社会政治思潮和文学艺术思潮的严重性及其影响，"确实不能低估"。一定要"及时注意和采取坚定的措施加以制止"，否则，"任其自由泛滥，就会影响更多的人走上邪路，后果就可能非常严重。从长远来看，这个问题关系到我们的事业将由什么样的一代人来接班，关系到党和国家的命运和前途"。①

再如，习近平总书记早在 20 世纪 90 年代关于马克思主义经济学的发展与完善的文章中认为，马克思主义经济学、新古典主义经济学和凯恩斯主义主流经济学三大理论体系中虽然都有关于市场经济的科学论述，但每一种理论都有自己的基本范式，彼此之间又有着本质差别和优劣之分，特别是对于社会主义来说，无论是新古典主义经济学、凯恩斯主义主流经济学，还是其他西方经济理论，都不能和马克思主义经济学相提并论，因而也不能将之混在一起去形成一种"大杂烩"式的理论体系，而是必须以基本范式最为科学、

---

① 《邓小平文选》第 3 卷，人民出版社 1993 年版，第 45、43—44 页。

最能适应社会主义市场经济要求的马克思主义经济学作为基础和主体，去对西方经济学中的优秀成果进行兼收并蓄。

马克思主义经济学与西方经济学两大理论体系可以相互学习、借鉴，但必须要和本国实际结合起来。中国是一个有着5000多年文明史的东方大国，有着与西方明显不同的文化、历史和哲学传统，这就使得二者在对社会经济活动的几个基本问题的认识上有着明显的不同。中国自古以来就有"天人合一"的古老哲学命题，强调人与自然和谐统一，习惯于以人为出发点并以人为落脚点来认识事物，一以贯之的是一种建立在人与人关系基础之上的"人—物—人"也即"主—客—主"的思维框架，这与西方哲学的"人—物"的思维框架和认识路线是明显不同的。中国儒学在数千年间形成的忠君报国、崇尚民族利益的文化背景与道德规范，也与西方崇尚个人主义的文化历史氛围有着明显不同。将这种思维框架和道德规范引入社会经济活动之中，人就不再是抽象的人；社会经济关系也不再抽象为某一种类型诸如商品、资本、劳动或人与物的单纯或单向关系，而是一种以人为主体的错综复杂的利益和感情关系；人的主观因素对社会经济活动的影响和作用也不再局限于个体的人或某个具体范围，而是渗透于社会活动的各个方面、各个环节。更重要的是，中国是一个由共产党领导的社会主义国家，在长期的革命和建设实践中，我们党形成了一整套优良革命传统，在全社会也形成了以爱国主义、集体主义、社会主义为核心的社会公共道德，这与西方资本主义国家的"私有制神圣不可侵犯"、个人利益至高无上的社会道德是根本不同的。中国与西方国家在国情上的这些差异，要求我们在建立社会主义市场经济体制时，必须将马克思主义经济学理论与中国的具体实际相结合，特别是要求我们的经济学家在学习、借鉴西方经济理论来解决中国的经济问题时，必须重视人的复杂因素和关系所造成的复杂影响，必须重视发挥社会主义的巨大优势，切不可见物不见人，更不可套用西方的思维方式和价值取向去认识、解决中国的社会主义经济问题。否则，愿望再好，都不能取得预期的效果。

本研究认为，在全面深化改革和全面建成小康社会的历史进程中，马克思主义经济学具有特殊重要的意义。列宁曾指出，政治经济学"是马克思主义理论最深刻、最全面、最详细的证明和运用"。恩格斯曾指出，无产阶级政党的"全部理论来自对政治经济学的研究"。中国共产党以马克思主义为指导思想和理论基础，历来重视对政治经济学的学习、研究和运用。新中国成立特别是改革开放以来，我们党努力把马克思主义政治经济学基本原理与中国具体实际相结合，提出了系统的经济理论，并用以指导经济实践，推动社会主义现代化建设取得了举世瞩目的成就。毛泽东多次向全党干部建议，要学习和研究政治经济学，强调"经济建设是科学，要老老实实学习"。1948 年就开始参与周恩来领导的筹备建立新中国计划经济体制的杰出马克思主义经济学家、中国社会主义经济理论的开拓者之一的薛暮桥曾经说过，我们现有的所谓社会主义政治经济学，实际上是政策经济学，没有深入说明社会主义经济发展的客观规律，只是说明特定国家在特定阶段的基本经济政策。他认为，社会主义的已有实践，还不足以总结出一部成熟的理论经济学。要有几个（至少我们自己）改革完全成功的社会主义国家，才有可能写出一本比较完善的社会主义政治经济学来。1984 年 10 月《中共中央关于经济体制改革的决定》通过之后，邓小平评价这个决定"写出了一个政治经济学的初稿，是马克思主义基本原理和中国社会主义实践相结合的政治经济学"。30 多年过去了，中国特色社会主义经济理论伴随着实践的蓬勃发展取得了长足进步，形成了包括社会主义基本经济制度、分配制度、社会主义市场经济、对外开放、科学发展等在内的完整的理论体系，这是马克思主义政治经济学在当代中国的发展，是中国特色社会主义经济建设的理论基础。习近平总书记在 2014 年 7 月 8 日主持召开的经济形势专家座谈会上明确指出，各级党委和政府要学好用好政治经济学，自觉认识和更好遵循经济发展规律。2015 年 12 月中央经济工作会议提出，"要坚持中国特色社会主义政治经济学的重大原则"，坚持解放和发展社会生产力，坚持社会主义市场经济改革方向。

本研究认为，坚持并发展马克思主义政治经济学，有助于辨明社会进步的正确方向。中国经济取得了巨大成就，社会主义制度优越性得以彰显。但同时也要看到，资本主义社会虽然矛盾重重，但仍是当今世界的重要存在；我们必须把具有世界意义的东西变成自己自主活动的条件，变成创造自己"特色"的基础，从而在参与世界开放和竞争中建设中国气派、中国风格、中国品质的道路、制度与理论体系；我国是在生产力非常落后的条件下进入社会主义社会的，超越资本主义社会的现代化生产力基础仍不充分具备，中国特色社会主义制度的巨大优越性仍然需要理论和实践的进一步证明。在全面建成小康社会、全面深化改革、全面依法治国、全面从严治党的战略布局中，各方利益、诉求都会集结、激荡与博弈，深入研究马克思主义经济学具有非常重大的理论意义和现实意义。借用马克思在《资本论》第 1 卷序言中的一句话："在政治经济学领域内，自由的科学研究遇到的敌人，不只是它在一切其他领域内遇到的敌人。政治经济学所研究的材料的特殊性质，把人们心中最激烈、最卑鄙、最恶劣的感情，把代表私人利益的复仇女神召唤到战场上来反对自由的科学研究。"① 在这样的时代背景下，坚持并发展马克思主义政治经济学，有助于认清经济制度历史运动规律，看清社会主义相对于资本主义的巨大优势，辨明社会进步的正确方向。只要积极回应、正确解答时代问题，政治经济学就富有生命力。正如萨缪尔森所说的，政治经济学本是"在社会科学中，居首要地位"的。不仅如此，它在经济学中就更是处于母学地位，包含和论及一切经济问题。在生产力和生产关系的矛盾运动中发现经济社会的进步方向，这或许便是马克思主义经济学的特殊魅力和价值所在。

二　马克思主义政治经济学与西方经济学的本质规定性

（一）马克思主义政治经济学的本质规定性：从马克思主义总体性认识的视角

按照西方经济学界最权威的经济学工具书《新帕尔格雷夫经济

---

① 《马克思恩格斯文集》第 5 卷，人民出版社 2009 年版，第 10 页。

学大辞典》的定义，马克思主义经济学是指以卡尔·马克思的著作作为方法论和理论基础的后来的那些经济学家的研究成果。这一界定没有把浩如烟海的详述马克思本人思想起源和发展的评注性著作囊括在内。西方经济学家安德普·格林在给《新帕尔格雷夫经济学大辞典》撰写的"马克思主义经济学"词条中写道，马克思主义经济学家认为资本主义制度本质上是充满矛盾的，因为该制度不能正常运转是其结构的必然结果，而不仅仅意味着在本来和谐的机制中存在"缺陷"。其结构的核心就是资本和劳动的关系，这必定是一种剥削性的关系。由此导致的冲突对资本主义制度发展的各个方面——从开发技术的类型直至国家采取的政策的形式——都具有举足轻重的影响。所以对于该制度的原动力——资本积累——不能仅做定量分析：它引起的经济结构变化受到阶级关系的影响，又反过来参与塑造阶级关系。因此，尽管资本主义的根本逻辑并未改变，但它的历史却可分为几个阶段，各阶段都以一整套特定的阶级关系、技术、国家政策和国际结构为特征。

安德普·格林还写道，如果说在对经济史稍有研究的经济学家看来，这些观点中的某些部分几乎是不言自明的，那么，这恰好表明 20 世纪的历史为马克思的许多重要观点提供了有力佐证。不幸的是，主流经济学理论尽管采用了空前有力的正规技巧，力求掩饰其概念在研究方法上仍是肤浅不堪的事实，在这一点上却仍不及马克思主义经济学。

马克思主义经济学主要理论为马克思主义经济学家分析资本主义发展特定阶段和方面提供了基础，并且在分析当代社会方面，马克思主义经济学在重新做出富有说服力和想象力的贡献。安德普·格林把其主要内容分为三大部分：劳动过程；价值、利润与剥削；资本积累与危机。①

以上介绍性文字代表了西方主流经济学对于马克思主义经济学的普遍看法。虽然部分认识较为客观，但由于阶级立场、价值观念

---

① 《新帕尔格雷夫经济学大辞典》第 3 卷，经济科学出版社 1992 年版，第 420—424 页。

的制约，不可能给予马克思主义经济学准确科学的认知。马克思主义政治经济学是马克思主义的重要组成部分。准确认识马克思主义经济学，不能脱离开融哲学和科学社会主义理论等为一体的严密科学体系，马克思主义经济学的本质规定性是由该体系所赋予的。

马克思主义哲学揭示自然、社会和人类思维发展的一般规律，是马克思主义经济学的世界观和方法论，是马克思主义经济学区别于其他经济学的根本所在。马克思的政治经济学和其哲学思想是分不开的。马克思的政治经济学建立在他的哲学思想之中，而他的哲学在其政治经济学中又获得了进一步的发展与完善。马克思对于每一个经济问题是既当作政治经济学中某一特殊问题，又当作这个哲学问题来解决。列宁曾经指出："虽说马克思没有遗留下'逻辑'（大写字母），但他留下了'资本论'的逻辑。在'资本论'中，逻辑、辩证法和唯物主义的认识论都应用于同一门科学。"① 他还指出：自从《资本论》问世以来，唯物主义历史观已经不是假设而是科学证明了的原理。这一论断也清楚地表明了马克思主义经济学与唯物史观之间的密切联系。马克思也多次强调，自己的政治经济学理论是以辩证法为基础的，他还把唯物史观当作"我所得到的、并且一经得到就用于指导我的研究工作的总的结果"。恩格斯在为《政治经济学批判》所写的序言中明确指出，马克思的经济学在本质上是建立在唯物主义历史观的基础上的。马克思把他所创立的历史唯物主义应用于政治经济学。马克思在政治经济学所引起的变革的全部内容，都是与世界的物质生产和物质运动的辩证关系的原理相联系的。历史唯物主义认为，人类社会的历史首先是生产发展史，是若干世纪以来彼此更替的生产方式史。因此，人们生存所必需的生活资料的取得方式及物质资料的生产方式，是社会物质生活许多条件中的主要力量。这个力量决定社会制度的性质，决定社会制度的变革发展。马克思主义经济学的所有重要理论，如生产力决定生产关系、经济基础决定上层建筑的原理，生产的首要性及生产、分配、交换和消费四环节相互关系的理论，劳动价值理论，

---

① 《列宁专题文集（论辩证唯物主义）》，人民出版社 2010 年版，第 145 页。

剩余价值理论，资本主义发展的历史趋势理论，等等，都只有在辩证唯物主义和历史唯物主义世界观方法论的基础上，才能得到科学理解。

科学社会主义是唯一科学的社会主义学说，是关于无产阶级解放运动的性质、条件和目的的学说，是马克思主义从人类社会特别是资本主义社会发展趋势的考察中得出的结论，它表明了马克思主义经济学的阶级属性、社会理想和奋斗目标。列宁指出："马克思学说中的主要的一点，就是阐明了无产阶级作为社会主义社会创造者的世界历史作用。"① 马克思明确宣称，他的经济理论"所能代表的只是这样一个阶级，这个阶级的历史使命是推翻资本主义生产方式和最后消灭阶级。这个阶级就是无产阶级"。② 正因为如此，马克思的《资本论》被称作工人阶级的"圣经"。也正是在这个意义上，人们把马克思主义与共产主义和科学社会主义画上等号，当作同一事物的不同表述。科学性和革命性是马克思主义的本质属性，马克思主义理论"对世界各国社会主义者所具有的不可遏制的吸引力，就在于它把严格的和高度的科学性（它是社会科学的最新成就）同革命性结合起来，并且不仅仅是因为学说的创始人兼有学者和革命家的品质而偶然地结合起来，而是把二者内在地和不可分割地结合在这个理论本身中"。③ 这一点是我们深刻认识马克思主义经济学本质规定时必须把握的。

总之，只有从马克思主义理论的整体性出发，才能对马克思主义经济学的本质做出比较全面和准确的概括。概括起来，可以把马克思主义经济学的本质总结为以下几个要点：

从基本内涵来看，马克思主义经济学是马克思和恩格斯在 19 世纪中叶创立的、以唯物史观为基础、以一定的生产力和上层建筑条件下的生产关系的本质及其发展规律为研究对象的、具有科学性和系统性的经济科学，是马克思主义的三个组成部分之一。马克思主义政治经济学的创立使政治经济学发生了根本性革命。它阐明了人

① 《列宁全集》（第 2 版）第 23 卷，人民出版社 1990 年版，第 305 页。
② 《资本论》第 1 卷，人民出版社 1975 年版，第 18 页。
③ 《列宁选集》第 1 卷，人民出版社 1995 年版，第 83 页。

类社会发展过程中生产、交换和分配的一般规律。

从外延来看，马克思主义经济学是以马克思的经济学为核心和理论源头的经济学，是个涵盖面较为广泛的开放体系，包括在"马克思主义"旗帜下伴随着新的社会实践而不断发展和成熟的一系列以社会主义为实践基础，以创新理论体系为内容的马克思主义经济学说，也包括马克思主义经济学家的有科学价值的经济学说和思想。从外延的表现形式来看，主要有经典形式和现代形式两种。与《资本论》所代表的经典形式相比，马克思主义经济学的现代形式主要有以下特点：一是对现代经济生活客观运动规律的反映；二是在与现代西方主流经济学不断对话、交锋、反诘中产生的；三是对马克思主义经济学经典理论进行批判性反思的产物；四是中国特色社会主义市场经济理论是现代形式的最集中体现，充分体现了方法论和世界观相统一的马克思主义理论品格，真正体现着"只有结合中国实际的马克思主义，才是我们所需要的真正的马克思主义"的现实要求。

从方法论体系来看，马克思主义经济学是以辩证唯物主义和历史唯物主义为基础的经济世界观和方法论。这主要体现在《〈政治经济学批判〉导言》和《〈政治经济学批判〉序言》中。这一方法论体系分为相互联系的三个层次：其一，马克思在《〈政治经济学批判〉序言》中对唯物史观最核心原则的经典表述所涵盖的内容。这是马克思政治经济学研究最核心、最高层次的方法。其二，在确立政治经济学研究对象的基础上，马克思系统阐释政治经济学的研究方法与叙述方法、历史与逻辑相统一的方法、具体与抽象相统一的方法等。其三，对《资本论》创作结构的方法论思考，如马克思最初提出的"五篇结构"。这既是马克思对自己的政治经济学理论体系内部结构方法论的思考，又是对基本或初步完成的经济学革命的成果呈现给世人的方式和路径的方法论思考。上述这三个方法论层次是不可分割的，其中任何一个单独的方法论层次都不能称为

"完成实现经济学革命所必需的方法论系统"。①

从政治立场和价值取向上看，马克思主义经济学从一开始就树立起无产阶级的旗帜，秉承为无产阶级和人民群众利益服务的政治立场，以建立社会主义和共产主义的社会理想为己任，对资本主义生产方式和代表资产阶级利益的政治经济学进行批判，论证资本主义必然为社会主义所更替的历史必然性，为无产阶级在阶级斗争中锻造了锐利的理论武器。这一政治立场和价值取向，从根本上讲是由无产阶级的经济政治社会利益和地位决定的。从马克思、恩格斯在《共产党宣言》中明确提出共产党人始终坚持为无产阶级、为绝大多数劳动人民谋利益。列宁也强调党是无产阶级的先进部队，要为人民群众服务、代表他们的利益。后继的马克思主义者都坚持着这一根本立场不动摇。从这个角度看，马克思主义政治经济学既是学术体系，又是一种理论信仰和意识形态，应当在学术和意识形态两个相关领域都发挥指导作用。

从分析框架来看，马克思主义经济学主要是以生产力与生产关系相互作用为核心的经济分析体系。历史唯物主义以物质生产作为说明历史的基础。在进行物质生产的人们的社会关系中，马克思突出了取决于生产力发展情况的生产关系的作用。古典经济学以及后来的新古典经济学把资本主义生产关系当作一般的生产关系，从而不能从中发现资本主义生产方式的特殊性，而认为政治经济学作为一门"新的科学不是他们那个时代的关系和需要的表现，而是永恒的理性的表现"。马克思对不断发展的生产力和其制约的不同生产关系的规律做出经典式的论断，并由此指出在社会发展的每一个历史阶段，人类的生产只能在一定的生产关系下实现，从而第一次确认生产关系对于政治经济学的全部意义。

从分析方法上看，科学的抽象法是马克思主义经济学的主要分析方法。科学的抽象法要求把一切掩盖着生产关系内在联系的东西抽掉，以突出显示范畴的本质。古典学派从威廉·配第开始，在探

① 叶险明：《马克思哲学革命与经济学革命的内在逻辑及其启示》，《中国社会科学》2010年第3期。

讨资产阶级生产关系的内在联系时，也曾普遍使用抽象法，大卫·李嘉图更是使用抽象法的典型。但由于他们以非历史的观点，用一般的生产关系来替换资本主义生产关系，抽掉了掩盖资本主义生产关系内在联系的东西，抽掉了他们所研究的资本主义生产方式这个特定的社会形态的本质和特征。马克思的科学抽象法排除了古典经济学者的缺点。它在复杂的现实生活整体中，抽象出后者所特有的各种基本范畴，抽掉掩盖事物的一切非本质的表面现象，而紧紧抓住事物的本质。这一方法体现了逻辑性和历史性的统一、抽象性和具体性的统一。首先，正如恩格斯在说明马克思的价值学说时所说的："这里所涉及的，不仅是纯粹的逻辑过程，而且是历史过程和对这个过程加以说明的思想反映，是对这个过程的内部联系的逻辑研究。"[1] 和意识是存在的反映一样，经济范畴的逻辑发展是现实发展的历史过程的反映。政治经济学研究各个范畴的逻辑方法不外是现实的历史形态的再现。恩格斯指出：逻辑的研究方式"无非是历史的研究方式……历史从哪里开始，思想进程也应当从哪里开始，而思想进程的进一步发展不过是历史过程在抽象的、理论上前后一贯的形式上的反映；这种反映是经过修正的，然而是按照现实的历史过程本身的规律修正的，这时，每一个因素可以在它完全成熟而具有典范形式的发展点上加以考察"[2]。其次，逻辑过程又只是思维从现实的具体上升到抽象的过程。当然，这样的逻辑抽象只是具体的近似，是现实事物不完全的描述。但是思维从具体上升到抽象并不离开真实，而是更接近于真实。科学的、正确的抽象应当更深刻地、更全面地反映具体事物的存在和本质。同时，对事物本质的抽象只是研究的起点。它要为进一步从简单到复杂、从低级到高级、从经济细胞到成熟经济形态，简言之，从抽象又回到具体的分析，提供理论的出发点。在《资本论》第1—3卷中，从同质的简单劳动到异质的复杂劳动，从同样的资本有机构成到不同的资本有机构成，从价值到生产价格，从剩余价值到利润、地租等范畴的转

---

[1] 《马克思恩格斯全集》第 25 卷，人民出版社 1974 年版，第 1013 页。
[2] 《马克思恩格斯全集》第 13 卷，人民出版社 1962 年版，第 532—533 页。

化，都是从抽象回到具体的过程。当然这种转化过程曾引起了资产阶级经济学家的肆意攻击。但这恰恰是马克思的辩证的抽象法对政治经济学所做出的伟大贡献。

从其基本思想和理论体系来看，马克思主义经济学是一个逻辑严密、科学合理的理论体系。主要有：（1）生产关系是一切社会关系中最为基本的关系。在阶级社会中，生产关系表现为阶级关系。政治经济学是一门研究生产关系的科学。（2）在继承资产阶级古典政治经济学科学成分的基础上，创立了劳动价值论，提出商品二重性、劳动二重性理论，认为商品的价值是抽象劳动创造的，物只是创造价值的条件。（3）在劳动价值论的基础上，创立了剩余价值理论，彻底揭露了资产阶级剥削的本质和资本主义社会阶级对立的根源，揭示了资本主义必然灭亡、社会主义必然胜利的理论依据。（4）科学的利润理论、利息理论和地租理论，揭示了利润、利息、地租的来源与本质。（5）对未来社会的一些重要构想。

（二）西方经济学的本质规定性：从古典政治经济学到庸俗经济学转换的马克思主义批判的视角

按照我国著名经济学家刘树成主编的《现代经济辞典》的理解，所谓西方经济学，泛指西方资本主义国家的经济学家所提出的各种经济学说或经济理论。按照著名经济学家刘国光的说法，西方经济学是指非马克思主义的经济学或非马克思主义的政治经济学，因为马克思主义经济学或马克思主义政治经济学也是从西方来的，所以用西方经济学专指非马克思主义经济学更合适。如果按照西方经济学所囊括的具体学科划分，一般包括西方的政治经济学、微观经济学、宏观经济学、数理经济学、福利经济学、博弈论与信息经济学、发展经济学、制度经济学、产权经济学、财政学、金融学、投资学等。在我国老一辈著名的经济学家高鸿业担任主编、我国财经高校同类教科书发行量最大的《西方经济学》教科书中写道：西方经济学是一个内容相当广泛而松散的名词，迄今在世界上尚不存在一个众所同意的定义。它可以泛指大量与经济问题有关的各种不同的文献、资料和统计报告，其中包括教科书、官方文件、私营经济记录、专业或非专业著作、报纸杂志的文章和报道，等等。具体而言，可以涵盖以下三种类别的内容：一是企事业的经验管理方法和经验；二是对一个经济部门或经济领域或经济问题的集中研究成果，如资源经济学、工业经济学、农业经济学、石油经济学，对税收、财政、通货膨胀问题的论述等；三是经济理论的研究和考察，如以上所提到的宏观经济学、微观经济学，等等。按照以上排序会发现，越往后者理论的比重越来越多，而纯技术东西越少。正是第三类别，被通常看作经济学专业的基础和核心。本研究所涉及的主要是西方经济学侧重于理论的部分。即使就这种类别而言，内容依然非常广泛。由于存在着种类繁多的经济学流派，其中一些流派居于主流或正宗地位，其他一些派别则处于非主流或非正宗地位。当然主流或非主流、正宗或"异端"也是相对而言的，其地位也是可能改变的。我国老一辈经济学大师陈岱孙先生就此说过：所谓经济学"正宗"是指那种既定体系的权威的经济学说。这种学说已被认为是权威，代表着正统。"异端或外道"则指那些与正统相悖的学说，虽然也是统治阶级的思想，也在思想形式下表现物质关系，但还不曾被公认为一种权威，还不曾被当作既定的体系。由于论题需要，本书所指的西方经济学主要指居于主流地位的经济学说，它构成西方院校所讲授的经济学理论的基本内容，一般也被认为是西方经济学最基本和最重要的部分。

一般认为，西方经济学自产生以来，经历了重商主义、古典主义、庸俗经济学和庸俗经济学后等几个阶段。"马克思以前的古典政治经济学是在最发达的资本主义国家英国形成的。亚当·斯密和大卫·李嘉图通过对经济制度的研究奠定了劳动价值论的基础，马克思继续了他们的事业，他严密地论证了并且彻底地发展了这个理论。"列宁在《马克思主义的三个来源和三个组成部分》一文中明确界定了马克思主义与英国古典经济学的渊源关系。按照马克思的界定，"资产阶级的社会科学，即古典政治经济学，主要只研究人以生产和交换为取向的行为在社会方面所产生的直接预期的影响"。其理论特征是，"它把资本的基本形式，即以占有别人劳动为目的的生产，不是解释为社会生产的历史形式，而是解释为社会生产的自然形式，不过它自己已通过它的分析开辟了一条消除这种解释的道路"。作为古典政治经济学的完成者，大卫·李嘉图的劳动价值论，只注重价值量的分析而忽视价值质的规定，这就造成李嘉图学说自身两个不可调和的矛盾，即不能用劳动价值论说明利润的平均化的原因和条件。这一分析的最大缺点就是，对于构成剩余价值的利润和地租的关系，他只注意到它们之间量的消长而无视它们质的一致。他没有清楚地看到二者是剩余价值的两个具体的特殊形式，都是资本主义生产关系的表现。他既没有指出利润和工资在量上的消长，实际上反映了工人阶级和资产阶级间阶级关系的质的对立性；也没有指出利润和地租，虽然在表面上表现为量的对立，却存在着同为剥削收入的质的同一性。这个缺点是由大卫·李嘉图的资产阶级立场所最终决定的。这两个矛盾直接导致古典经济学的解体。也就是说，古典经济学从产生到终结的一个半多世纪，虽然把资本主义看作永恒的生产方式，但力图研究资本主义经济内部的事实联系，因此它还具有科学性。

李嘉图在分析经济现象的内部规律时，有意识地把资本主义社会各个阶级之间利益的相互对立作为研究的出发点。基于英国政府为维护地主的利益而限制和禁止谷物进口于 1815 年颁布谷物法，他明确表示反对。但是出于其阶级局限性，大卫·李嘉图不是从资本主义生产方式出发而是从所谓生产要素中去寻求利益关系对立的根源。正如马克思所说，他天真地把这种对立看作社会的自然规律，这样由于他把资本主义生产方式看作一种永恒的生产方式，"是因为他总想证明不同的经济范畴或关系同价值理论并不矛盾，而不是相反地从这个基础出发，去阐明这些范畴以及它们的表面上的矛盾，换句话说，去揭示这个基础本身的发展"①，"却只是在表面的联系内兜圈子，它为了对可以说是最粗浅的现象做出似是而非的解释"。对于当时的庸俗经济学家来说，其主要职责只是为了适应资产阶级的日常需要，一再咀嚼科学的经济学早就提供的材料，"把那些受竞争束缚的资本家的奇特观念，翻译成表面上更理论化、

---

① 《马克思恩格斯全集》第 34 卷，人民出版社 2008 年版，第 165 页。

更一般化的语言，并且煞费苦心地论证这些观念是正确的"①。"在其他方面，庸俗经济学则只限于把资产阶级生产当事人关于他们自己的最美好世界的陈腐而自负的看法加以系统化，赋以学究气味，并且宣布为永恒的真理。"② 因此"资产阶级经济科学也就达到了它的不可逾越的界限"。因为超过这个界限，就势必要承认生产方式的历史暂时性。对于古典经济学与庸俗经济学的不同，马克思进行了客观而中肯的区分。他指出："庸俗经济学家——应该把他们同我们所批判的经济学研究者严格区别开来——实际上只是［用政治经济学的语言］翻译了受资本主义生产束缚的资本主义生产承担者的观念、动机等等，在这些观念和动机中，资本主义生产仅仅在其外观上反映出来。他们把这些观念、动机翻译成学理主义的语言，但是他们是从［社会的］统治部分即资本家的立场出发的，因此他们的论述不是素朴的和客观的，而是辩护论的。对必然在这种生产方式的承担者那里产生的庸俗观念的偏狭的和学理主义的表述，同诸如重农学派、亚当·斯密、李嘉图这样的政治经济学家渴求理解现象的内部联系的愿望，是极不相同的。"③

那么，为什么古典政治经济学会把应当加以阐明的东西当作不证自明的事实并"宣布为永恒的真理"？马克思认为，根本在于当国民经济学家"想说明什么的时候，总是置身于一种虚构的原始状态"。古典政治经济学家们为什么"总是置身于一种虚构的原始状态"呢？这就涉及古典政治经济学与西方近代哲学的共谋关系。"国民经济学家这样做，正源于近代哲学的先验模式。近代哲学力图从理性本身推出社会世界的先验原理，同时必须用先验原理来解释现实的历史，这样，它除了虚构一个原始状态作为现实历史由之而出的根据以外，别无出路。"④ 换言之，古典政治经济学与西方近代哲学分享了共同的"基因"。从把握"现实"的视角看，古典政

---

① 《马克思恩格斯文集》第 7 卷，人民出版社 2009 年版，第 256 页。

② 《马克思恩格斯文集》第 5 卷，人民出版社 2009 年版，第 99 页。

③ 《马克思恩格斯全集》第 26 卷第 3 册，人民出版社 1974 年版，第 499—500 页。

④ 吴晓明、王德峰：《马克思的哲学革命及其当代意义——存在论新境域的开启》，人民出版社 2005 年版，第 145 页。

治经济学和近代哲学分享了一个共同的前提，即通过概念的抽象得到一个"虚构的原始状态"并以之为出发点。正是由于二者分享了共同的抽象前提，所以黑格尔从古典政治经济学中看到的是"思想是怎样从最初摆在它面前的无数个别事实中，找出事物简单的原理，即找出在事物中发生作用并调节着事物的理智"。①

马克思清醒地洞察到古典政治经济学和近代西方哲学所共同分享的抽象前提以及由这一前提所决定的抽象"命运"。他明确指出："不要像国民经济学家那样，当他想说明什么的时候，总是置身于一种虚构的原始状态。这样的原始状态什么问题也说明不了。……他把他应当加以说明的东西假定为一种具有历史形式的事实。"② 要摆脱抽象的命运，切入"现实"本身，必须选择一个完全不同的出发点，那就是当前的经济事实。"我们且从当前的国民经济的事实出发。"那么，什么是国民经济的事实呢？在马克思看来，当前首要的国民经济事实是"工人生产的财富越多，他的生产的影响和规模越大，他就越贫穷"。换言之，马克思所面对并要解决的问题是：既然劳动创造了财富，那么为什么劳动者越勤劳，却越贫困？为什么劳动者在劳动中感受到的不是肯定自己，而是否定自己，以至于"只要肉体的强制或其他强制一停止，人们就会像逃避瘟疫那样逃避劳动"。

对于这种矛盾现象，古典政治经济学有所涉及或讨论词不达意，"牛头不对马嘴"③。因为在他们看来，劳动在创造财富的同时也创造了贫困，这种矛盾现象不仅自然而然，而且天经地义。因为在古典政治经济学的视域中，工人的生产劳动不过是资本运动的一个环节，而资本的运动就像自然规律一样客观，不以人的意志为转移。政治经济学的任务和使命仅限于描述这种现象及其运行轨迹。问题在于，"站在传统理性主义立场上的实证科学，把自然科学的方法运用到认识资本主义社会的结构上来，要求在这里也达到'科学的精确性'，实际上只能产生更大的'科学不精确性'。因为它不

---

① 黑格尔：《法哲学原理》，商务印书馆 1961 年版，第 204 页。
② 《马克思恩格斯文集》第 1 卷，人民出版社 2009 年版，第 156 页。
③ 同上书，第 404 页。

承认这些'事实'及其相互联系的内部结构是历史地产生和连续不断地发生变化的。它从这些'事实'的直接存在方式出发，要求在这些'事实'的基础上形成具有客观普遍性的'科学概念'，正表明了它是教条式地站在资本主义社会的基础上，不加批判地把资本主义社会的物化结构和物化规律当作'科学'的毋庸置疑的不变基础"①。面对同一种现象，马克思则看到了完全不同的东西：这种矛盾现象根本就不是什么从天上掉下来的永恒不变的铁的规律，也不是神的意志或者"无人身的人类理性"的展现，归根结底，它不过是社会历史发展进程中的一个阶段性产物，其背后隐藏着社会历史的根源。

马克思的政治经济学批判恰恰是要揭示这一根源并予以消灭，"国民经济学从私有财产的事实出发。它没有给我们说明这个事实。它把私有财产在现实中所经历的物质过程不理解这些规律，放进一般的、抽象的公式，然后把这些公式当做规律，它不理解这些规律，就是说，它没有指明这些规律是怎样从私有财产的本质中产生出来的"②。马克思坚持"从当前的国民经济的事实出发"，最终揭示了资本主义社会矛盾现象的根源所在——资本主义的私有制。

19 世纪 20 年代的英国，逐渐开始出现庸俗政治经济学，也就是说，与"只有在阶级斗争处于潜伏状态或只是在个别的现象上表现出来的时候，它还能够是科学"的古典政治经济学相比，当资产阶级在英国和法国夺取了政权，阶级斗争日益加剧并威胁到资产阶级利益的时候，"它敲响了科学的资产阶级经济学的丧钟"，"也就有意识地越来越成为辩护论的经济学"。庸俗经济学不去研究经济现象的内在联系，而只限于描述经济现象表面所见到的似是而非的外在联系。对于这一点，马克思在《剩余价值理论》中进行了非常深入、细致的探析。

正当政治经济学本身由于它的分析而使它自己的前提瓦解、

---

① 孙伯鍨：《卢卡奇与马克思》，《孙伯鍨哲学文存》第二卷，第 67—68 页，转引自夏莹、崔唯航《改变世界的哲学现实观》，《中国社会科学》2014 年第 8 期。
② 《马克思恩格斯文集》第 1 卷，人民出版社 2009 年版，第 155 页。

动摇的时候，正当政治经济学的对立面也已经因此而多少以经济的、空想的、批判的和革命的形式存在的时候，庸俗政治经济学开始嚣张起来。因为政治经济学和由它自身产生的对立面的发展，是同资本主义生产固有的社会矛盾以及阶级斗争的现实发展齐头并进的。只是在政治经济学达到一定的发展程度（即在亚当·斯密以后）和形成稳固的形式时，政治经济学中的一个因素，即作为现象观念的单纯的现象复写，即它的庸俗因素，才作为政治经济学的特殊表现形式从中分离出来。例如萨伊就把亚当·斯密著作中这里或那里渗透的庸俗观念分离出来，并作为特殊的结晶和亚当·斯密并存。随着李嘉图的出现和由他引起的政治经济学的进一步发展，庸俗经济学家也得到了新的营养（因为他自己什么也不生产），政治经济学越是接近它的完成，也就是说它越是走向深入和发展成为对立的体系，它自身的庸俗因素，由于用它按照自己的方法准备的材料把自己充实起来，就越是独立地和它相对立，直到最后在学术上的混合主义和无原则的折衷主义的编纂中找到了自己至上的表现。①

　　庸俗政治经济学无非是以学理主义的形式来表达这种在其动机和观念上都囿于资本主义生产方式的外在表现的意识。而庸俗政治经济学愈是肤浅地抓住现象的表面，仅仅用一定的方式把这种现象的表面复制出来，它就愈觉得自己"合乎自然"，而与任何抽象的空想无关。②

马克思在《经济学手稿》（1861—1863 年）中对庸俗政治经济学的本质进行了形象总结：

　　庸俗政治经济学以为，政治经济学科学与其他一切科学的特征差别在于，后者力图说明被掩盖在日常现象后面的，因而

---

① 《马克思恩格斯全集》第26卷第3册，人民出版社1974年版，第556—557页。
② 同上书，第539页。

按其形式总是与日常现象（例如，太阳围绕地球运动的现象）相矛盾的本质，而前者则宣称日常现象单纯转化为同样日常的观念是科学的真正事业。①

"1830 年，最终决定一切的危机发生了。" 也就是说当资产阶级在法国和英国夺得了政权之后，资产阶级经济学在意识形态上的辩护性发生了根本转变。因此马克思指出："它敲响了科学的资产阶级经济学的丧钟。现在问题不再是这个或那个原理是否正确，而是它对资本有利还是有害，方便还是不方便，违背警章还是不违背警章。无私的研究让位于豢养的文丐的争斗，不偏不倚的科学探讨让位于辩护士的坏心恶意。"②

1848 年欧洲大陆的革命激起了英国工人运动的高潮，这进一步加快了资产阶级政治经济学庸俗化的进程。当时产生了"以约翰·斯图亚特·穆勒作为最著名代表的平淡无味的混合主义"。约翰·斯图亚特·穆勒"不愿单纯充当统治阶级的诡辩家和献媚者的代言人，力图使资本的政治经济学同时与不容忽视的无产阶级的要求调和起来"。他指出了资本主义社会工人贫困化的事实，认为现在劳动产品的分配和劳动成反比，产品的最大部分属于从来不劳动的人。因此马克思指出："约翰·斯图亚特·穆勒这类人由于他们的陈旧的经济学教条和他们的现代倾向发生矛盾，固然应当受到谴责，但是，如果把他们和庸俗经济学的一帮辩护士混为一谈，也是很不公平的。"③ 1848 年德国走上资本主义道路以后，资本主义生产方式所固有的对抗性矛盾已经充分暴露，德国资产阶级政治经济学没有经过古典阶段，而是一开始就庸俗化，并裂变为两个流派。一个是以法国庸俗经济学家巴斯夏代表的"阶级利益调和论"，试图掩盖和抹平资本主义社会的利益矛盾；另一个是追随英国穆勒的"社会改良论"。对于"阶级利益调和论"，马克思给予了无情的批判。他指出："在所有的现代经济学家中，巴师夏先生的《经济的

---

① 《马克思恩格斯全集》第 47 卷，人民出版社 1979 年版，第 631 页。
② 《马克思恩格斯文集》第 5 卷，人民出版社 2009 年版，第 17 页。
③ 《马克思恩格斯全集》第 23 卷，人民出版社 1972 年版，第 670 页。

谐和》集庸俗之大成。只有癞蛤蟆才能搞出这种谐和的烂泥汤。"①
对于巴斯夏理论极尽辩护之能事的理论特点，马克思评价道："他
还有一个特点，这就是学识贫乏，对于他为了统治阶级的利益而加
以粉饰的那门科学的认识十分肤浅。他搞辩护论还是很热情的，这
是他的真正的工作，因为政治经济学的内容，只要是合他心意的，
他可以从别人那里取来。最后的形式是教授形式，这种形式是'从
历史的角度'进行工作的，并且以明智的中庸态度到处搜集'最好
的东西'，如果得到的结果是矛盾，这对它说来并不重要，只有完
备才是重要的。这就是阉割一切体系，抹去它们的一切棱角，使它
们在一本摘录集里和平相处。"②

　　因此，就德国经济学界而言，不仅对马克思经济学与古典经济
学的关系界定语焉不详，因为"德国的经济学家从来也没有指责过
马克思提出的理论同斯密、李嘉图的理论毫无关联；恰恰相反，他
们却指责斯密和李嘉图派生了马克思，似乎马克思只是从这些先辈
关于价值、利润和地租的理论中，总之，从先辈关于劳动产品分配
的理论中引申出结论。因此，他们就成了轻视古典学家的庸俗经济
学家"。对于德国历史学派的政治经济学家罗雪尔，马克思评价说，
"罗雪尔教授先生就是这样的大师，他谦虚地宣称自己是政治经济
学的修昔的底斯。他把自己比作修昔的底斯，可能是因为他对修昔
的底斯有这样一种看法，即修昔的底斯似乎经常把原因和结果相混
淆"③。而且在古典经济学时期的理论贡献不甚了了，"德国人在资
产阶级经济学衰落时期，也同在它的古典时期一样，始终只是学
生、盲从者和模仿者，是外国大商行的小贩"。

　　总之，由于当时的特殊历史条件使然，德国的资产阶级政治经
济学不可能在科学上取得较大成就。无产阶级作为在资本主义社会
发展起来的先进生产力代表，其历史使命便是推翻资本主义生产方
式和最后消灭阶级。马克思适应无产阶级的历史使命和需要，总结

---

① 《马克思恩格斯全集》第 29 卷，人民出版社 1972 年版，第 250 页。
② 《马克思恩格斯全集》第 26 卷第 3 册，人民出版社 1974 年版，第 557—558 页。
③ 同上书，第 558 页。

了这个欧洲工人运动的经验，批判地汲取了人类思想所建树的一切优秀成果，创立了科学的马克思主义经济学。

在马克思以前，政治经济学只局限于资本主义生产方式的范围。古典经济学家把资本主义生产方式当作自然的、永恒的生产方式，这种非历史的观点必然不能发现资本主义生产方式的特殊性，不能揭示这种生产方式的运动和发展规律。因此他们只能停留在其所发现而不能解决的矛盾面前，停留在对资本主义时期经济的不全面理解上。马克思坚决地批判了资产阶级政治经济学的体系，研究了不同时期的社会形态，着重地指出了资本主义生产方式的历史暂时性，把政治经济学变成一门历史的科学。

以上是对西方经济学发展正式步入庸俗经济学时期的一个马克思批判式的描述。由此可以看出马克思主义经济学和西方经济学分道扬镳的认识论根源所在。马克思时代之后的 100 多年间，现代西方经济学仍然带有庸俗经济学的几乎所有特性：它只研究经济事物的表面现象；它只不过把资本主义市场上的成规、行话、生意经和经营法则用经济学的术语系统地表示出来；它为资本主义生产方式的合理性进行辩护。从西方经济学的存在形式上看，的确比马克思时代更为精致华丽、更为学派多样。但都是以对亚当·斯密"看不见的手"原理进行形式主义的论证和粉饰为主要任务。20 世纪初对这一原理做出最全面论证的西方学者是英国经济学家马歇尔。部分地出于反对马克思主义的动机，马歇尔把当时西方经济学中的供求论、节欲论、生产费用论，特别是边际效用论等整合在一起，形成了一个"折衷的理论体系"[1]。他的理论体系说明：在以利己为动力的完全竞争的市场中，竞争的作用迫使供求相等于均衡价格。对于这一论证，马歇尔的徒弟、著名的英国经济学家罗宾逊夫人写道：

---

① 萨缪尔森《经济学》第 19 版在《一个折衷主义者的宣言》中写道："现代混合经济，能将严厉冷酷的市场运作规律与公正热心的政府监管机制巧妙地糅合成一体"；"我们所倡导的折衷主义，并不是一味旨在让读者背离个人信仰的方剂。我们只是分析家而绝非邪教布道者。本书倡导的折衷主义并非是由意识形态所培育的。我们只根据现实和理论来推定自由主义或官僚主义的客观后果。所有读者都可据以自由地择定他们自己心中最好的行为准则和价值标准"。

"马克思是在了解这个制度（即资本主义制度）以加速它的倾覆。马歇尔设法把它说得可爱，使它能为人们所接受。"马歇尔"折衷的理论体系"，经过瓦尔拉斯数学形式主义的包装，最终形成西方经济学的微观基础——一般均衡理论。一般均衡理论与帕累托最优等命题一起，为资源配置效率的分析奠定了基础。西方经济学试图论证竞争性经济是帕累托最优的，而实现社会福利最大的配置也可以借助于特定初始配置条件下的竞争性经济来实现。至此，西方经济学深化了甚至最终完成了对"看不见的手"原理的论证。

20 世纪二三十年代席卷整个西方世界的经济大危机催生了以宏观经济分析为特点的凯恩斯经济学。凯恩斯把古典经济学扩大化界定为"从李嘉图的前辈起到他的剑桥老师及同事，这一整串的英国资产阶级经济学家"。也就是说，西方经济学界沿用了马克思的褒义的古典经济学称谓的同时，拒绝了庸俗经济学的说法或不能接受资产阶级经济学已经转化为庸俗经济学的事实。丹尼尔·福斯菲尔德在《现代经济思想的渊源与演进》一书的总结更为直接。他说："回顾 19 世纪 70 年代及其后的经济学发展历程，我们发现，与其说经济思想被接受是因为它正确，被拒绝是因为它错误，不如说被接受因为它有用，被拒绝因为它不再有用。"到了凯恩斯经济学时代之后，对西方经济学进行最新综合的代表人物——新古典综合学派集大成者保罗·萨缪尔森那里，把是否"强调经济中自我矫正力量"标示为古典经济学和非古典经济学即新古典经济学及现代经济学的主要区别。他将所有的"强调经济中自我矫正力量"的经济学都称为古典经济学。

综上所述，笔者认为，现代西方经济学从本质上、整体上仍然属于庸俗经济学范畴。一方面，在意识形态上宣传资本主义经济制度的合理性、优越性和永恒性，为资本主义生产方式合法性辩护。160 多年前，马克思评价资产阶级庸俗经济学家马尔萨斯时所说的话，今天仍然成立。他指出："如果我们回想一下马尔萨斯，那么现代政治经济学的全部秘密就暴露在我们面前了。这个秘密不过在于把一个特定的历史时代独有的、适应一定的物质生产状况的暂时的社会关系，变成永恒的、普遍的、固有的规律，即他们所说的自然规律。由物质生产过程中的革命和进化造成的社会关系的根本改造，被政治经济学家们视为纯粹的空想。他们看到某一特定时代的经济界限，但他们不懂得这些界限本身具有局限性，它们是历史发展造成的，同样必然要在历史发展的进程中消失。"① 基于资本主义经济制度的优越性，200多年前被誉为"现代经济学之父"的亚当·斯密提出"看不见的手"原理，用以说明资本主义相对于封建制度的巨大优越性。在他以后的西方经济学大都致力于论证斯密提出的基本原理，努力构建一套合乎逻辑的理论体系来说明资本主义制度是"有效率"的，因此具有不可替代性。另一方面，作为资本主义经济制度的上层建筑，西方经济学也必须为这一制度所面临的经济问题提供政策建议。譬如，解决失业、消解经济萧条、治理通货膨胀、抑制垄断、缓解劳资对立、熨平贫富差距等，西方经济学理论体系都会推出各种政策建议和理论主张。这里面包含着不少对西方市场经济运行的经验总结。由此可以看出，西方经济学具有双重性质，它既是资本主义的意识形态，又是资本主义市场经济的经验总结。② 现代的西方经济学与马克思时代的西方经济学似乎具有显著的差异。但是，从它们的核心思想来看，二者是一致的。现代西方经济学的核心思想包括"萨伊定律"、"看不见的手"原理和"自由贸易论"在马克思的时代即已存在，而马克思又曾对这些思想进行了直接或间接的评论。所以说，马克思对于100多年以前的西方经济学的评论意见仍然适用于现代西方经济学。

三　马克思主义政治经济学与西方经济学的根本分歧

（一）分析范式上的根本分歧

1. 研究对象上的根本分歧

研究对象是对特定研究内容、范围的界定。西方经济学研究对

---

① 《马克思恩格斯全集》第12卷，人民出版社1998年版，第283页。
② 高鸿业：《西方经济学》，中国人民大学出版社2011年版，第8页。

象经历一个不断演进的过程。这一演进的逻辑链条是：李嘉图继承斯密二元价值论中的劳动价值理论，从分配角度初步分析社会各阶级之间的矛盾关系；马克思改造李嘉图的劳动价值论，提出科学的劳动价值论，创立马克思主义经济学的理论基石；萨伊提出政治经济学研究的是财富的生产、分配和消费；杰文斯背离了古典政治经济学传统，认为经济学必须考察人的欲望和满足，提出价值的边际效用理论，表达出政治经济学是一门数学科学的观点，把研究对象导向资源配置的轨道；马歇尔在修正边际效用价值论基础上，以均衡价格论取代劳动价值论，只研究抽象的市场经济一般运行规律；在马歇尔经济学基础上发展出西方主流经济学，由罗宾斯正式把研究对象规定为稀缺资源的合理配置。

西方经济学的古典时期虽然没有把资本主义生产方式以及和它相适应的生产关系作为政治经济学的研究对象，但是，在他们取得科学成就的地方，他们事实上把生产看作是资本主义生产，并在一定程度上透过物和物的关系看到人和人的关系。古典经济学的这一科学传统没有被他们的后继者所继承。到了 19 世纪 70 年代，新古典经济学完全背离了古典传统，开始把政治经济学的研究主题局限于资源配置问题。虽然西方经济学家杰文斯"把经济学的列车开上了资源配置的轨道"，但对这一主题研究真正得到广泛认同的，则是英国经济学家莱昂内尔·罗宾斯。1932 年他在《经济科学的性质和意义》一文中，第一次正式地把稀缺资源的合理配置规定为经济学的研究对象。他认为："经济学是把人类行为作为目的的与具有各种不同用途的稀缺手段之间的一种关系来研究的科学"[①]；"经济学研究的是用稀缺手段达到既定目的所引发的行为"，"只要达到某一目的需要借助于稀缺手段，这种行为便是经济学家关注的对象"。"经济学要回答的问题是：人们达到其目标的过程如何受制于手段的稀缺——稀缺手段的配置如何依赖于这种的估价。"[②] 对于稀缺的定义，罗宾斯解释道，"缺少达到不同目的的手段，几乎是制约人

---

① ［英］莱昂内尔·罗宾斯：《经济科学的性质和意义》，朱泱译，商务印书馆2000 年版，第 20 页。

② 同上书，第 27 页。

类行为的一个普遍条件"。"正是在这里，经济科学的研究内容获得了统一，经济科学研究的是人类行为在配置稀缺手段时所表现的形式。"①

　　根据罗宾斯以及追随者的诠释，罗宾斯基于经济学研究对象的界定包含以下要点：经济学研究人的行为；人的行为的目的是满足需要，而需要是无限的；资源有各种不同的用途，但资源是稀缺的或有限的；一切社会的中心问题是无限的需要和有限的资源之间的冲突，即目的和手段之间的冲突。因此，经济学的任务就在于研究人类如何在可供选择的用途之间进行资源配置。罗宾斯的这一界定对现代西方经济学产生了深远的影响，此后西方正统的经济学教科书大都把罗宾斯的定义奉为圭臬。前述哈佛大学经济学教授、著名经济学家格雷·曼昆的"经济学十大原理"，其中第一原理的简化表达就是："人们面临权衡取舍（trade off）。这说明经济学研究的是人在资源稀缺条件下如何选择的问题……"这足以表明西方经济学对这一研究对象的广泛认同。

　　虽然马克思在《资本论》序言中开宗明义地规定了马克思主义经济学的研究对象，但在我国经济学界就此基本理论问题的理解存在着严重的分歧。总结我国关于政治经济学研究对象的不同观点，大致可分为宽口径和窄口径两种。窄口径主张政治经济学的研究对象要么是生产力，要么是生产关系，要么和西方经济学一样把资源配置作为经济学的核心问题。宽口径则认为研究对象是与一定生产方式相适应的生产关系（当然不同的人对此理解有所不同）。流行的看法认为，对马克思主义经济学研究对象的准确理解，必须联系马克思生产力—生产方式—生产关系原理来进行。生产力—生产方式—生产关系原理认为，生产力决定生产方式，一定历史发展阶段上的生产力及其发展形式，是一定的生产方式赖以产生的历史条件和现成基础；生产方式决定生产关系，生产关系是从生产方式中产生的，一定的生产关系是一定的生产方式所具有的必然关系；生产

---

　　① ［英］莱昂内尔·罗宾斯：《经济科学的性质和意义》，朱泱译，商务印书馆2000年版，第19页。

方式和生产关系具有历史暂时性。根据这一原理的逻辑推论，以
《资本论》为代表的马克思主义经济学的研究对象是生产方式和生
产关系。这一界定虽然较好解决了西方经济学和社会主义政治经济
学的研究对象问题，也解决了政治经济学或经济学的研究对象问
题。但是却在改变传统生产力—生产关系原理的同时把生产力排除
在经济学研究对象之外，确实值得商榷。

在研究对象问题上，马克思主义经济学和西方经济学的根本分
歧在于：一是要不要研究生产方式；二是要不要研究和生产方式相
适应的生产关系；三是要不要区分抽象的生产一般的资源配置和具
体的特定生产方式的资源配置，以及要不要研究具体的特定生产方
式的资源配置。在所有这些问题上，马克思主义经济学的回答都是
肯定的，而西方经济学的回答都是否定的。罗宾斯的经济学定义首
先把生产方式逐出经济学的研究范围，进而只研究抽象的没有社会
内容的生产一般，不接触特定社会形式的生产，不研究资本主义生
产方式。

那么两者在研究对象上何以存在根本分歧？从上述分析可知，
政治经济学这门科学作为独立的学科得以产生，就在于它把生产关
系确定为自己的研究对象。因为一定的社会生产关系是一定阶段生
产力发展的主要推动力量，是生产力得以进一步发展、财富得以加
速增加的一个决定性因素。应当看到，把研究对象确定为生产关系
并不是马克思的专利，亚当·斯密和李嘉图等古典经济学家也坚持
这一点。斯密的《国富论》的研究主旨和结论是：建立起资本主义
生产关系体系是保证财富迅速增加的决定性因素。斯密获得这一发
现并把它作为研究对象，确立了政治经济学这门独立科学的产生和
发展。否定这一研究对象，就等于否定了政治经济学这门科学。退
一步讲，如果西方经济学把研究对象确定为与一定生产方式相适应
的生产关系，势必要得出马克思对资本主义生产方式进行缜密分析
所得到的科学结论，那便是：资本主义生产方式具有特殊性、历史
性和暂时性，和历史上的其他生产方式一样，这种生产方式也不是
自然的、永恒的。就会导致对资本主义生产方式正当性、合理性的
否定，这是资产阶级不愿看到的结果。除了这种传统解释之外，是

否有其他解释呢？我们知道，马克思主义政治经济学研究社会生产关系的根本目的在于揭示一定社会生产方式运动的历史规律，进而证明一定社会生产方式的历史合理性或不合理性。面对资本主义生产方式和封建主义生产方式的历史选择，古典经济学理论给出了具有进步意义的回答：资本主义生产方式贯彻等价交换原则，等价交换本质上是法权而不是特权，体现契约精神而不是身份等级，承认劳动价值并保障劳动者的劳动自由，因而相对于封建主义生产方式具有进步性、合理性和公正性。而从 19 世纪末开始，随着资产阶级统治地位的巩固，资产阶级经济学研究的核心内容发生转移。之所以如此，原因在于当时对资本主义制度取代封建制度的历史必然性的理论论证已无特殊意义，如何实现资源的充分有效配置成为更重要的经济命题。这是西方主流经济学把资源配置问题作为研究对象的直接现实依据。也就是说，囿于时代主题和现实任务的重大变换，西方经济学的研究重点也要随着转变。正如西方比较经济学家雷诺兹在其名著《经济学的三个世界》中所说：

> 在 19 世纪的经济学家认为，他们能够对以下事情发表有益的意见，即人口、劳动力技能和市场能力的提高、社会各阶级对资本积累的贡献、发明和企业创新精神的源泉。这是与人们十分关切经济增长——或者像 19 世纪的英国人常说的经济"进步"——联系在一起的，这种关切从斯密一直延续到马歇尔。但是渐渐地，经济学的重心转向了给定资源在不同用途上的分配，以致最终罗宾斯说出了这样的话，这才是真正的经济问题。这些在一定程度上属于社会—政治范畴、常常无法用数量表示的决定资源供给和技术的因素，逐渐被逐出了严格的经济学领域。①

总之，只有马克思主义经济学对政治经济学或经济学的本质特

---

① ［美］劳埃德·G. 雷诺兹：《经济学的三个世界》，朱泱、贝昱、马慈和译，商务印书馆 2013 年版，第 12 页。

征做出了正确的说明。以生产方式以及和它相适应的生产关系为研究对象，不仅不排除对资源配置的研究，而且为生产一般的资源配置和特定生产方式的资源配置的区分和研究提供了科学的理论基础。至于国内研究基于具体研究对象有不同看法，这说明马克思主义经济学还处于不断发展完善过程中，发展创新的空间还相当大。而西方主流经济学定义根本没有触及经济学的本质特征。以稀缺资源的配置为研究对象，满足于对抽象的和所谓"超制度"的资源配置的考察，不仅排除了对特定生产方式以及和它相适应的生产关系的研究，而且也排除了正确理解和认识特定生产方式的资源配置的前提。

　　2. 理论基础上的根本分歧

　　价值理论是经济学研究的前提和基础，任何的经济学研究都是建立在一定价值论的基础上的。马克思主义经济学劳动价值论与西方经济学效用价值论和均衡价格理论的争论与分歧是两大理论体系的基本分歧之一。

　　效用价值论认为，商品的价值不取决于劳动，而取决于商品给消费者带来的效用的大小。效用价值论经过长时间发展并在与劳动价值论论争中发展成为边际效用价值论。该理论在数理经济学家戈森等人研究的基础上，经由奥地利学派的门格尔、英国的杰文斯和法国的瓦尔拉斯等人提出，再经过门格尔的学生维克塞尔、庞巴维克等人的完善，最终形成一个完整的理论体系。该理论体系的主要观点有：效用是价值的源泉；边际效用是衡量价值量的尺度和标准；边际效用递减规律和边际效用均等规律；物品的市场价格是供求双方对物品的主观评价达到均衡的结果；分析工具主要是基数效用论和序数效用论。均衡价格论是现代西方经济学的主要价值论。这种理论不区分劳动产品和非劳动产品，把价值等同于供求决定的价格，只承认有价格存在，不承认有不同于价格的价值存在。它认为，就市场经济中商品财富的生产来说，成本是供给的原动力，而效用是需求的原动力，两者通过供求的波动，共同决定了财富的价格即交换价值。生产成本和边际效用是供求规律的两个构成部分，它们的作用可以和剪刀的双刃相比拟。研究商品财富的价格是受效用支配还是受生产成本支配的议论，用马歇尔的话说，等于研究剪刀是以上刃裁纸还是下刃裁纸的议论。

西方经济学的均衡价格论，实际上相当于马克思经济学理论体系中没有劳动价值论的价格理论。它为研究价格在市场经济中配置资源的作用，以及供求对价格波动的影响，提供了一个方便的理论框架和研究起点。该理论不承认商品的交换价值是人的劳动创造的，而是由人和物混为一谈的生产成本"供给"决定的，这显然不能揭示商品产生的真正根源。

马克思的劳动价值论是在配第、斯密和李嘉图等古典经济学家研究基础上批判吸收的理论产物。列宁说过："亚当·斯密和大卫·李嘉图通过对经济制度的研究奠定了劳动价值论的基础。马克思继续了他们的事业。他严密地论证了并且彻底地发展了这个理论。[①]"马克思超越了传统劳动价值论，创立了以剩余价值论为核心的马克思主义经济学。

这个理论体系的主要观点有：一是劳动二重性理论。该理论奠定了科学的劳动价值论的理论基础，是理解马克思主义经济学的枢纽。"无论李嘉图，还是他以前或以后的其他任何经济学家，都没有把劳动的两个方面准确地区分开来，自然更没有对这两方面在价值形成上所起的不同作用做出分析。"二是商品二重性理论。从劳动二重性和价值出发，提出较为完善的价值量理论，指出商品的价值量是由社会必要劳动时间决定，揭示了商品拜物教的性质和秘密。三是价值规律理论等。

西方经济学竭力宣扬商品拜物教，掩盖或无视交换价值的社会属性而把它歪曲为物所具有的天然的属性，把财富、使用价值曲解为人的属性。把资本直接等同于生产资料，把利润视为资本的产物，用表面的物与物之间的关系包裹社会生产关系，把商品生产关系和资本主义生产关系神圣化。马克思则从商品入手，分析商品二重性和商品生产中的劳动二重性，揭示价值形成发展过程和货币的真正起源，彻底揭示了商品拜物教的性质和秘密，从资产阶级经济

---

① 《列宁选集》第2卷，人民出版社1960年版，第44页。

学家描述的物与物之间关系中发现人与人之间的社会关系，完全超越了古典经济学的劳动价值论而创立了科学的劳动价值论。

一般认为，两大体系的理论基础产生分歧的主要表现和根源主要有以下几个方面。

第一，两者所仰赖的哲学基础和根源不同。马克思劳动价值论是以马克思主义哲学即辩证唯物主义和历史唯物主义为基础的。从这个基础出发，马克思认为，价值"是无差别的一般人类劳动在商品中的凝结，价值反映的是人与人之间的社会历史关系"。也就是说，价值只是和人的劳动联系在一起，离开了人的劳动，就不存在价值问题。边际效用价值论是以 19 世纪英国边沁主观唯心主义世界观和形而上学方法为指导，以功利主义为其思想根源而产生的。主观唯心主义认为，客观事物只是个人的产物，把个人的心灵看作脱离客观物质的唯一存在。西方经济学根据边沁的"苦乐心理"学说，把人的经济活动归结为避免痛苦和追求享乐。门格尔认为："人类欲望和自由支配满足欲望的资料，是人类经济的出发点和目标"，杰文斯则把经济理论看成是一种"愉快与痛苦的计算"。

第二，两大理论体系的方法论不同。马克思运用的是科学的抽象法，是唯物辩证法的具体运用。它主要是通过人脑的抽象思维，运用抽象力达到对客观事物发展的本质及其规律性认识；边际效用理论采用的是抽象演绎法，把失去社会历史特征的孤立的个人作为第一性的和本原的，社会是第二性的、派生的，从人们的主观心理分析经济活动，而不是从事物的对立统一中理解经济运动的内在联系，否认经济范畴和经济规律的客观性、历史性。

第三，两者研究的目的和出发点是不同的。马克思研究劳动价值论是要通过对价值源泉的分析，为创立剩余价值理论奠定基础，以揭示和批判劳动与资本对立的全部秘密，揭示资本剥削劳动的真相，展现现存制度和生产方式的不合理性和非正义性。边际效用论则从根本上掩盖资本主义社会固有的生产和消费之间的矛盾，说明资本主义生产方式是正义的、和谐的，为资本主义制度辩护。

第四，两者在价值源泉认识上不同。马克思主义劳动价值论认为，价值是凝结在商品中的无差别的一般人类劳动，是商品的社会属性，它要依赖于一定的载体而存在，价值不可能在交换、分配、消费领域产生，只有发挥作用的劳动力才是生产过程的主体。边际效用论认为价值的源泉是效用或最后效用程度。商品有用与否和其用途大小，取决于有没有满足人的某种欲望的能力。价值是一种商品的最后效用程度，即"现有商品量中那极小的或无限小的最后加量或次一可能加量的效用程度"①，是一个以比例数字表示的抽象的量，不含有任何客观物质的内容。

第五，两者对于价值量的度量标准不同。马克思劳动价值论认为，商品的价值量是由生产该商品的劳动量，即社会必要劳动时间决定。而边际效用论认为，边际效用是价值的尺度，产品价值的高低决定于边际效用的大小。

（二）方法论思维上的根本分歧

1. 西方经济学方法论及其演变

在一般意义上，方法是正确的思维如何发散和收敛的规则，是人们认识和改造客体的手段、方式和程序。而社会科学方法是人们分析、把握社会现象及其内在规律的规则和程序，是人们把握社会客体的手段。《新帕尔格雷夫经济学大辞典》认为，"方法论"（Methodology）一词指的是对方法的研究，通常是指对科学方法的研究。它被认为是 300 多年来成功的科学家所运用的方法，类似于典型的中学理科教材描述的科学研究方法：第一步要收集数据。第二步是提出与收集到的数据有关的"假设"。第三步是进行实验以验证这一假设。若这一假设经得起检验，就被冠以"理论"的称号。如果数年以后这一理论经得起其他科学家的检验，它便被称为"定律"。在过去 200 年的大部分时间里，能否全面解释科学研究或提出适当的研究方法，是智力高低的主要标志，对经济学家尤为如此。然而，第二次世界大战以后，对方法论表示过分的兴趣似乎被认为是低能或早衰的明显标志。人们极少讨论科学方法，人们再也不认为"符合科学的"就是正确的，而是认定"符合科学的"等于

---

① 杰文斯：《政治经济学理论》，商务印书馆 1997 年版，第 60 页。

"理性地避免错误"。

对于方法论的作用和重要性，经济学方法论研究专家罗杰·E.巴克豪斯在《经济学方法论的新趋势》一书导言中说："它为我们是接受还是拒绝一个研究纲领提供了标准，也帮助我们在区分精华与糟粕时有章可循。作为方法论体系必须符合一定标准，譬如就它们为经济学家的研究提出了切实的建议这点来看，方法论是层次分明的、相对的、动态的，并且绝没有含糊其辞。①"因此，方法论在经济学发展史上的作用可以总结为以下几点：一是经济学方法论的发展程度构成经济学说体系发展的条件；二是经济学方法论上的异同是各个时代不同学派批判继承的重要原因；三是经济学方法论还是政治经济学史上的各派别既有差别又有统一的根据。

经济学的哲学传统源远流长。经济学家熊彼特说过："哲学领域内几乎没有一种观念不是从希腊流传下来的，而许多这些观念虽然与经济分析没有直接关系，却和分析家的一般态度与精神有着较大关系。②"西方经济学方法论是应用于西方经济学的西方科学哲学。一般地说，方法论是用一定的科学哲学对一门学科的概念、理论和基础推理原则的研究，经济学方法论是用一定的科学哲学对经济学的概念、理论和基本推理原则的研究。经济学方法论家在明确经济学方法论的研究对象时，也明确了经济学方法论的任务，这就是为评价不同的经济学研究方法的长处和短处、优点和缺点提供标准，以便在区分科学和非科学、正确和错误、精华与糟粕时有原则可循。

早期英国古典政治经济学理论和方法论以英国资产阶级革命序幕时代和革命时代的哲学家弗兰西斯·培根和托马斯·霍布斯的唯物主义经验论为哲学基础，以后的英国古典政治经济学理论和方法论以英国资产阶级革命后维护新建立起来的社会秩序的哲学家约翰·洛克的唯物主义经验论为哲学基础。在古典政治经济学终结之

---

① [英]马克·布劳格等著，[英]罗杰·E.巴克豪斯编：《经济学方法论的新趋势》，经济科学出版社 2000 年版，第 5 页。

② [美]熊彼特：《经济分析史》第 1 卷，朱泱等译，商务印书馆 1991 年版，第 105 页。

后，作为科学主义思潮源头的实证主义曾在相当长的时间成为经济学理论和经济学方法论的哲学基础。以归纳主义为特征的约翰·穆勒的实证主义，被认为是对 19 世纪中期科学哲学的标准观点的完善概述。19 世纪末 20 世纪初，方法论的个人主义和主观主义在经济学方法论中占统治地位，有的西方经济学方法论家称这一时期的方法论为演绎主义。20 世纪 30 年代，新实证主义取代了老实证主义在方法论中的主导地位，成为 20 世纪中期西方经济学方法论的哲学基础。由于新实证主义把数理逻辑作为哲学分析和论证的主要工具，因而被称为逻辑实证主义或逻辑经验主义。逻辑实证主义的科学观认为，科学理论可以被证实。因此，可证实性成为逻辑实证主义科学观的一个核心问题，实证主义因而也被称作证实主义。两次世界大战期间是逻辑实证主义的鼎盛时期。20 世纪 60 年代，被认为是新旧科学哲学观点的分水岭的波普尔主义战胜了逻辑实证主义，取得了西方科学哲学的主流地位。与逻辑实证主义不同，波普尔的科学哲学认为，科学理论不可被证实，只可被证伪。因此，不是可证实性而是可证伪性成为科学哲学的一个核心问题，波普尔主义因而被一些方法论家称作证伪主义。后来，当波普尔的后继者拉卡托斯的科学哲学流行的时候，波普尔的科学哲学被称为朴素的证伪主义，拉卡托斯的科学哲学被称为精致的证伪主义。经过经济学方法论家布劳格等人的努力，从 1980 年起证伪主义成为经济学方法论的哲学基础。20 世纪 80 年代，受到科学主义哲学思潮和语言哲学思潮影响的西方经济学方法论有两大进展：一端是科学实在论的经济学方法论，另一端是修辞学的经济学方法论。正当这两种经济学方法论取得进展的时候，处于这两端的中间地带的因果关系整体论出现于经济学方法论舞台，试图超越科学实在论和修辞学这两种经济学方法论，并试图取代两者成为主流经济学方法论。

以上方法论发展史的简单回顾表明，没有固定不变的西方科学哲学，因而也没有固定不变的西方经济学方法论。作为西方经济学方法论基础的科学哲学在不断演进，由科学哲学决定的经济学方法论自然也就处在不断演进的过程之中。由此构成西方经济学方法论的历史。

2. 西方经济学方法论的基本内核

（1）方法论理性主义

西方经济学自产生以来，经历了漫长的演变历史进程，不仅积累了丰富的理论成果，而且在研究方法上也经历了不断的变迁。但是，能够贯彻始终的是理性主义的基本方法论。这既有理性主义在西方思想界的深厚传统的原因，也有经济学产生于一个理性主义占主导地位的时代背景。西方经济学家肯尼斯·J. 阿罗认为："自从经济理论被系统化以来，它一直是以某种理性概念为基础的。在古典经济学家中，如斯密和李嘉图，理性或多或少意味着有限的偏爱；资本家选择能产生最高利润率的行业投资……特别是李嘉图的评论，可被理解为一个竞争环境中，当生产要素可变时，厂商选择生产要素比例以使单位成本最小是理所当然的事。大致可以说，他们的理性假说是厂商所追求的利润最大化，尽管直到 19 世纪 80 年代，这种公式才明确达到了完全一般化。"[1]

何谓理性主义？我国最新版的《辞海》的一个通俗解释是，理性主义即唯理论，与"经验论"相对，是认识论的一种学说。理性主义只承认理性认识的可靠性，否认理性认识依赖于感性经验。因在认识对象上的看法不同，形成唯心主义的唯理论和唯物主义的唯理论。前者如柏拉图的唯理论，根本否认客观物质世界是认识的对象和来源，认为认识等于回忆，不过是唤醒灵魂中早已存在的理念而已。后者如斯宾诺莎的唯理论，承认规律是客观的，但认为只有理性才能把握规律，而感觉经验是靠不住的。唯心主义唯理论主张理性是第一性的，把理性当作主宰世界、派生自然的东西，因而是一种客观唯心主义。唯物主义的唯理论虽然在承认认识对象即自然界的客观性这一点上是唯物主义的，但它片面地夸大理性的作用，在认识论的全体上是错误的。唯理论哲学在研究人的理性认识过程上做出了贡献。[2] 西方经济学理性主义的具体形式，在不同历史时期经历了阶段性的变化。从最早的证实的理性主义到批判的理性主

---

① 《新帕尔格雷夫经济学大辞典》第 2 卷，经济科学出版社 1992 年版，第 73 页。
② 《辞海》（第 6 版），上海辞书出版社 2010 年版，第 1956 页。

义再到理性主义的重构。与这种经济学理性主义演进相伴随的是西方主流经济学在进行具体研究中采用的一些分析方法。

　　如同哲学思想领域的理性主义一样，经济学理性主义也设定了经济世界的人的理性本质。一直以来，主流经济学家们坚信，经济世界是理性的，其"自然秩序"是，经济社会的一切事物均处于严格逻辑秩序中，而且按精确的数学规律合乎逻辑和理性地运动，其运动轨迹是有序的、稳定的、确定的。同样，这个世界里的活动主体也是理性的，他们严格按照"理性原则"进行选择和行动，他们总是为着自身的目的和利益而行动，而且能够以最合乎目的的方式行动。按照肯尼斯·J. 阿罗的界定，"应用中的理性的有用的和有说服力的含义，来自个人理性和新古典主义理论的其他基本概念——均衡、竞争和市场完全性的结合。经济学家将理性定义为可递性和完全性——即某些事物的最大化。……对理性概念在经济分析中的运用进行这种广泛探讨的主要意义，在于强调信息的收集和计算能力具有极端的重要性"[①]。对于理性研究基于人们决策行为的重要性而言，肯尼斯·J. 阿罗认为，主要是提醒人们认识到市场支配力量和市场的不完全性，使得各种决策问题显得较为容易。这样，从原子式的理性个体——"经济人"出发，借助各种辅助性理性工具如数学方法，经济学家便能在经济行为人行动的一般原则基础上推演出种种更为具体的理性行为模型；在这些较为具体的模型的基础上，经济学家就能较为便利地解释或预测理性个体在特定情境下可能采取的具体行动，同时演绎出这些行动的社会总和所导致的一般社会状态和整体图景。因而，以理性方法建立起来的主流经济学就是"事物必然是"或"应当是"的知识，从而就是"科学的"[②]。

　　从经济学发展史看，经济学的"理性"的哲学渊源可以直接追溯至 18 世纪的"自然法"概念。自然法哲学一直把"事物的自然秩序和性质"与"健全理性"概念等同起来，然后要求在"健全理

---

　　① 《新帕尔格雷夫经济学大辞典》第 2 卷，经济科学出版社 1992 年版，第 72—78 页。

　　② 程恩富、胡乐明：《经济学方法论——马克思、西方主流与多学科视角》，上海财经大学出版社 2002 年版，第 170 页。

性"的指导下建立起"自然公正"的"伦理—法律"规则体系。正
如古典制度经济学派的重要代表人物康芒斯所说：斯密的"理论是
神赐恩惠、普遍丰裕、理性的时代和明辨是非的意识等理性主义时
代的"① 产物。从这一意义上看，古典经济学经由亚当·斯密移植
牛顿自然哲学的实证思维，确立了"原子"社会经济观，把一切社
会经济现象还原为抽象个人的行为，将社会经济过程视为一个通过
个体之间自由竞争即可趋于平衡的因果关系链，这个因果关系链在
行为人内在的经济利益的驱动下必然会带来整个社会的丰裕和秩
序。不仅如此，这和当时代运用自然科学方法研究社会科学的氛围
密不可分。正是近代科学技术产生的巨大威力，促使许多社会科学
家聚集在科学主义的大旗下，力图用自然科学方法研究经济社会。
在近代，牛顿力学的成功促使一大批社会科学家用"万有引力"来
研究社会，构造出"社会物理学"、"社会引力学"等学说，形成
了社会科学史上的"自然科学时代"。近代唯物主义就从自然科学
方法论出发，把机械论的自然观推广到人和社会，认为"人是机
器"，整个社会也不过是一架大钟表。自然科学本无意向社会科学
献媚，但它往往又决定了社会科学的面貌。

西方经济学理性主义的"硬核"最直观的表现形式就是"理性
经济人"假设。在西方经济学说史上，最早提出关于人的经济行为
模式假定的，是斯密意义上的"经济人"假定。斯密的"经济人"
假定是在孟德维尔和爱尔维修的关于利己主义是人类自然特征和社
会发展动力的思想基础上形成的。斯密在其名著《国富论》中指
出："每个人都努力使其生产物的价值能达到最高程度……他通常
既不打算促进公共的利益，也不知道他自己是在什么程度上促进那
种利益……他只是盘算他自己的安全；由于他管理产业的方式目的
在于使其生产物的价值能达到最大限度，他所盘算的也只是他自己
的利益。"随后的李嘉图、西尼尔等古典经济学家和新古典经济学
家都广泛运用这一假设。约翰·斯图亚特·穆勒被认为最先明确了

① ［美］康芒斯：《制度经济学》上，于树生译，商务印书馆 1962 年版，第
199 页。

"经济人"的定义。他认为"经济人就是会计算，有创造性，能寻求自身利益最大化的人"。在人类社会中作为"经济人"的"个人在他所处的环境中都根据他自己的经济利益理智地行动"。古典和新古典经济学中的"经济人"假设一般包括以下三个规定性：一是个人完全理性。完全理性的人能够：列出全部备选方案，确定其中每一方案的后果；对这些后果进行评价并选出最优方案。二是效用最大化。作为"经济人"他们总是根据主观上的价值判断去追求行为或物品的效用最大化。对于"经济人"总是预先存在一个完全的、充分有序的"效用函数"。三是完全信息。就是说：作为"经济人"，首先完全了解并掌握外部的经济环境和未来；其次具有完全的认识能力，可以不付出任何代价就能获取全部信息来保证其行为的确定性和行为结果的可知性。显然，"理性"的经济学解释是："经济人"能够通过成本收益原则趋利避害、优化选择其所面临的一切机会、目标及实现目标的手段。"经济人"是具有"神性"的动物：不仅拥有上帝般的全能理性，而且拥有动物般的利欲本能，作为逻辑原点的"经济人"是"一个孤立的、确定的人类已知数"，是能够"闪电般地计算快乐与痛苦的计算器"，是一个个数学方程式中的数学符号，成本收益原则是"经济人"进行理性选择的核心工具。

在现代西方经济学中，"理性经济人"假设往往被理解为"消费者均衡"与"生产者均衡"，即"消费者追求效用最大化"和"厂商追求利润最大化"。从1769年詹姆斯·斯图亚特（James Steuart）在经济学中第一次使用这个名词开始到今天，均衡分析（加上它派生的不均衡分析）一直是经济理论得以鼓吹自己是科学理论的一个基础。然而，尽管200多年来经济学家不断使用这个概念，但是均衡的意义和作用已经历了很大变化。在最初意义上，人们可以从好几个方面讨论"均衡"：可把它看作是"力量的平衡"，如用它来描述需求和供应两种力量之间平衡的思想；或者用它来表示没有内生的"变革倾向"的一个点：静止或稳定的状态展示了这个特性。不管怎样，人们还可认为它是任何特定的经济过程"倾向"的结果，如同认为竞争过程往往会产生出决定性的结果一样。正是根据这最后一个看法，均衡概念首先应用于经济理论。诚如亚当·斯密所说，均衡是经济系统的引力中心——所有经济量值不断地准备适应的正是这种价值结构。正是在这个意义上，"均衡"成了经济理论赖以建立的中心组织范畴。所以说，均衡概念的引入标志着经济学学科本身奠定了基础，因为均衡概念的出现明显地把以后的文献同斯密及重农主义时代以前占主宰地位的许多对个别问题的分析区分开来①。

作为西方微观经济学分析的基础，基于整个经济运行的角度论证均衡结果及其效率的目的，或者追求马歇尔意义上的效用最大化的消费者需求与利润最大化的厂商供给之间的均衡结果，均衡理论分析经过了静态均衡到动态均衡、局部均衡到一般均衡的演变发展，到了第二次世界大战之后的五六十年代，一般均衡理论成为西方经济学分析的中心。从均衡概念作为整个经济理论赖以建立的中心组织范畴，进而成为它的实际应用的最终基础，均衡现在成了一个其意义与任何模型最初条件的确切规定有关的范畴②。而从经济学理性主义的一般表现形式来看，一般均衡理论所遵循的"极值策略原理"和牛顿力学体系中的"系统永远都在最大化或者最小化一个反映系统中可能的力学状态的变量"、达尔文自然选择理论中的"这个策略假定自然环境最大化适存度这一变量"的理论模型毫无二致。

（2）方法论个人主义

所谓经济学方法论个人主义是指把个人作为对经济社会分析的基本单位，从个人的行为目的和动机出发，进而推演出对社会各种经济现象的解释，就是把个人行为作为经济中各种制度产生的根本原因。马克·布劳格认为："经济学又是一门独特的科学，不用说它研究的是人的活动，从而要用人的行为的原因和动机来解释事情的缘由。"③按照马尔科姆·卢瑟福的解释，个人主义方法论认为，

①《新帕尔格雷夫经济学大辞典》第 2 卷，经济科学出版社 1992 年版，第 194 页。
② 同上书，第 197 页。
③ ［英］马克·布劳格：《经济学方法论》，黎明星等译，北京大学出版社 1990 年版，前言第 7 页。

"所有社会科学理论都可以归结为人类个体行为理论。换句话说，这意味着社会科学允许存在的仅有外生变量是自然的心理上的给定量。所有社会或集体现象，诸如制度，都有待内生化，有待用人类个体行为来解释。所以重点在于个人行为如何产生制度和制度变迁"①。在各种以个人主义方法为基础建立起来的经济理论中，例如，新古典主义经济学都以"经济人"或"理性人"作为对人们经济活动动机和目的的基本假设。正是在这一意义上看，方法论个人主义实质是经济学理性主义的必然反映。经济学方法论个人主义有以下几个要点。

第一，个人行为是分析经济活动的基本出发点。个人主义方法论者认为社会是由个人组成的，所有的社会行为都是由个人行为构成的，社会经济现象就是在每个人能动地追求自身目标的行为机动驱动下形成的。奥地利学派的创始人门格尔在阐述社会科学和自然科学的区别时，对方法论个人主义进行了经典阐释。在门格尔等看来，两者的区别在于主观主义对客观主义。自然科学家站在他们的研究对象之外，来对经验现象进行分析。而社会科学家的情况则相反。在这里，研究者处于研究对象——也即社会和经济结构——之中。而众所周知，社会科学家要分析的这些现象的终极构成因素，正是追求自己所选择的目标的人的活动，社会科学家必须通过理论建构出一个有关这些结构的模型，而该结构是不可能作为一个整体被直接观察到的。门格尔解释说：

> 对自然现象进行精确理论解释，必须将该现象还原至"原子"和"力"这样的终极因素。这两者都不具有经验的性质。我们不可能想象"原子"，我们只能借助于某种描述来想象"力"，而我们却要借助于这些来理解现实的运动的绝对未知和原因。这对于精确地解释自然现象会带来极端严重的难点。精确的社会科学情况却有所不同。在这里，我们进行分析的终极

---

① 马尔科姆·卢瑟福：《经济学中的制度——老制度主义和新制度主义》，陈建波等译，中国社会科学出版社 1999 年版，第 33 页。

因素——人及其活动，具有经验的性质，因而，精确的理论性
社会科学比起精确的自然科学来，具有很大的优势。①

在论证经济学研究的终极因素实际上是起点、是个人及其目的
的时候，门格尔提出了奥地利学派理论中基本的"方法论个人主
义"理论。这种理论是与"方法论整体主义"（methodological ho-
lism）理论相对立的。整体主义理论认为，理论只需要停留在社会
群体或经济总量的层面上而不用管其与个人行为间的联系。

第二，个人活动的目的性。由于把个人作为说明一切经济现象
最本原的因素，因此，社会复杂纷纭的经济现象借以形成的各种原
因也必须蕴含于这一本原因素之中。个人作为整个经济活动的动力
之源，其目的决定行为方向，进而通过所有人有目的的活动决定社
会经济的运动方向。因此，个人的目的与动机是个人主义方法论所
必然包含的内容。个人主义方法论中人的目的性不同于马克思主义
理论中作为人的能动性表现的目的性。西方个人主义方法论在谈论
目的性时往往把它当作一种永恒的、直接与现实同一的目的性，个
人主义方法论中人的目的性是指个人作为在经济活动中活动着的最
小实体所具有的目的性。这种目的的内容就是追求个人私利。马克
思所说的在劳动一般中人类所具有的目的性是指人类劳动与动物活
动的区别，是人类所特有的特征，这种一般性的目的在具体的社会
关系下，又会有着具体的表现形式，甚至是异化的表现形式。

第三，个人之间存在着利益冲突，社会经济制度是这种冲突协
调的结果。个人主义方法论对人们利益冲突的认识与马克思主义的
观点有着根本不同。就冲突的主体来说，个人主义方法论认为，矛
盾的主体就是构成社会基本单位的个人，矛盾是个人与个人之间的
矛盾。由于每个人都具有平等的初始地位，因而也就具有足够的能
力抵御他人对自身利益的侵害。这样，矛盾冲突的结果就是每个人
都获得恰当的应有利益。在这种利益格局下，任何人的利益增加都

---

① ［奥］卡尔·门格尔：《经济学方法论探究》，姚中秋译，新星出版社 2007 年
版，第 315—316 页。

必然引起他人利益的减少，对这种利益格局的任何改变都必然带来经济效率的下降，因而形成所谓的"帕累托最优"。社会经济制度也是旨在协调不同个人之间利益关系所做出的制度安排。这样，个人主义方法论作为一种研究纲领，就把资本主义社会存在的现象，如供给、需求、价格、市场、竞争、收入等，按照个人对私利最大化追求的逻辑予以适当的安排，进而形成一套对市场经济运动的说明。

问题是，这种方法论个体主义存在明显的逻辑和现实上的困境。一是逻辑上存在同一性与多样性的对峙。这种对峙的直接体现就是，如果个体在碰到相同的约束条件、并且都会做出相同的选择时，关于选择的个体主义特征也就不复存在了。正如博兰指出的，方法论个体主义的困境在于："由于行为是个人主义的，它必然是独特的，但为了理解那个行为，它必须是普遍的，也就是对一切个人都是相同的。"① 二是现实上忽视了个体行为的加合效应，而仅考察一个完全抽象且孤立的个体行为。尽管社会、家庭、组织等都是由个体组成，但群体和社会组织一旦形成就可能具有相对的独立性，具有独立的内聚力、秩序和结构，从而产生独自的目标和利益。波普尔认为："每个集体都有一部它自己的历史，而且它的结构在很大程度上有赖于它的历史。一个集体如果丧失了一些它的不太重要的成员，它仍然可以容易保留它的特性不变。而且甚至可以想象，即使是一个集体原来的成员全部都为其他人所代替，它还可以保留许多它原来的特性。"因此，能否以及如何从个体出发，从现实存在的个体出发，成功地过渡到宏观整体，实现微观与宏观的整合，就是方法论个体主义的关键；显然，这也是反原子论的整体主义的分析思路，它要求把人的活动置于被经常视为根源的社会关系背景中，考虑社会环境对个人行为的制约。

需要注意的是，同样是个体主义也存在两种不同的形式：原子论个体主义和反原子论个体主义。其中，反原子论个体主义认为个体的相互联系是解释社会现象所不可或缺的，而原子论个体主义则

① ［美］劳伦斯·A. 博兰：《批判的经济学方法论》，王铁生等译，经济科学出版社 2000 年版，第 232 页。

否认这种联系是一种真正的解释。不幸的是，现代主流经济学所凸显的正是原子论个体主义，它有这样几个特征：一是将经济学从伦理学中分离出来，并把它所研究的对象确立为可以纯粹用达到目的的手段作出判断的一套人类行为；二是在理论上将实行经济交换的世界看做自发地趋于和谐一致的领域；三是把人看成是从家庭、部族、阶级或民族分离出来的坚持原子主义和自由主义的个体；四是以平均值替代每个个人的数值而将人抽象为基于自我利益的、以局部最大化为目标的"经济人"。正是基于原子个体主义倾向，现代主流经济学撇开了人与人之间关系的整体伦理考虑，而平均值的"经济人"则成为原子个体主义均衡分析的必然手段；正是基于原子个体主义的基础，现代主流经济学将普遍性和唯一性视为基于个体主义解释方式的基础，并基于理性的抽象得出了社会和谐的结论。然而，抽象的"经济人"假设仅仅是把人还原为一般动物，它依据每次行为的功利进行策略选择，而看不到长期的利益关系；显然，这种理性本质上是近视的有限理性，而不是真正的人类理性，因为人类区别于其他动物的理性就在于它能够更全面、更长期地考虑问题。而且，在这种理论指导下，人们往往会为每一次互动的利益分配进行争斗，这实际上退回到了动物的行为之中。

（3）方法论数学形式主义

一般均衡理论分析的经济学家们最为自豪的是，在阿罗—德布鲁体系中，数学论证的严密性似乎已超越物理学，从而使经济学成为一门可与物理学相媲美的"精密科学"。不可否认，科学作为理性的事业，数学是其普适的理性形式。近代以来，随着人们世界观发生重大变化，精神性宇宙观念被"世界机器"的观念所代替，人们普遍认为，自然界本身具有数学结构，而对世界的认识就是通过风险这种数学结构而实现，从而使这种模式变成了科学的理性模式，当它被进一步运用到社会科学领域时，数学的理性形式终于成为普适的理性形式。笛卡尔提出了理性演绎的逻辑法则，认为"数学为理性提供了标准和证明"，从而密切了演绎逻辑与数学方法的联系。洛克也认为数学这种理性的链条是发现和证明真理的有效途径。G. W. 莱布尼茨认为，纯粹的数学公理和原理是必然的真理，并致力于创立一种普通的符号系统用于逻辑演算，将概念和符号一一对应起来，组成一套演算规则使思维过程数学化。一般认为，经济学数学形式主义壮大于 20 世纪 30 年代而盛极于 50—70 年代，起因主要有两个：

一是实践上盛行的实用主义原则，最终由功能主义哲学观所推动。经济学热衷于一般均衡模型的构建和分析，走上大量运用数学的抽象模型化道路，与 20 世纪 30 年代以后西方社会逐渐盛行的实用主义有关，而实用主义在理论分析上又进一步转化为功能主义哲学观。正是由于功能主义强调事物之间的数字联系而不是内在的逻辑机理，从而促发了经济学的数量化趋势：作为应用性服务的结果，经济学要求尽可能精确、尽可能消除不确定性、尽量减少模棱两可的空间，而数学形式主义的主要特征就在于其表述更为清晰、更为精确。经济学数学形式主义经由瓦尔拉斯形式主义，到最终完成的最主要标志是美国经济学家保罗·萨缪尔森的代表作《经济分析基础》的出版。虽然以门格尔为代表的奥地利学派特别反对新古典经济学的数学均衡模型分析方法，并致力于发展一套关注于主观性、时间、不确定性、非均衡、自发过程、知识分散和协调的影响和作用独特的研究视角，但终因"科学性"不足而被瓦尔拉斯模型为基础的新瓦尔拉斯的数学分析方法所代替。保罗·萨缪尔森在其代表作《经济分析基础》中对经济学数学化的重要性做出了经典说明："如果不使用严格的数学方法，牛顿、美克斯韦、爱因斯坦、玻尔就不可能完成那些为触发了全世界经济增长的为产业革命奠定基础的科学革命。仅仅阅读 19 世纪的经济学著作，或者由教书匠和空谈家炮制的其现代改写本，是不能使人超越经济科学的幼儿园的。这就是严酷的现实。"①

二是理论上遵循的自然主义思维，这由科学主义发展观所引领。根据自然主义的思维，社会秩序仅仅是自然秩序的延伸，而自然科学领域的物理学已经为社会科学的发展确立了基本思路。因

① ［美］保罗·A. 萨缪尔森：《经济分析基础》，北京经济学院出版社 1990 年版，中文版序言。

此，产生了科学主义的经济学发展观，而科学的基本特征就是要客观、精确，从而促发了经济学的数量化趋势。实际上正是受到科学主义的支配，当时人们相信整个社会科学都是科学主义的产物，即使社会科学的各分支还不成熟，但最终会像自然科学一样成熟起来，所有科学都应该建立在单一方法论的基础之上。因此，伴随着近代物理学、化学、天文学、地理学和生物学等自然科学的发展而产生的实证主义，最终在社会科学领域确立了以寻求确定性、准确性、验证性为基本目标的实证论思维方式，并将以数学化程度来衡量社会科学科学化或成熟化的程度。

对于经济学方法论数学形式主义的规定性，英国经济学家布莱恩·斯诺登对这种占统治地位的"瓦尔拉斯形式主义"方法所秉承的主要原则进行了总结。主要包括：一是构建完全设定的、连贯一致的模型，为此应尽可能地简单化，并且仅提取那些能够证明该模型所隐含的结论；二是详细说明具体模型的均衡和非均衡含义，并且以此来分析这种模型；三是构建经济主体在约束条件下最大化的理论，包括消费者消费效用最大化和厂商利润最大化理论等；四是详细说明决定经济主体相互作用的规则；五是构建经济主体对有关现象有一套明确界定的信息的理论。瓦尔拉斯形式主义所强调的是形式的，通常是数学的方法和严格的证明。这是大部分经济学家称之为建立模型的方法，是通过大刀阔斧地简单化实现的——构建一种模型，这种模型能将复杂问题简单化，直到能够严格证明结论符合前提条件。若不能如此，则问题尚未解决。当然，瓦尔拉斯形式主义方法获得的结果的价值还取决于所作的假设是否适当。这个关键的假说是经济主体在一定约束条件下的最大化——经济主体是"理性的"。[①]

杰文斯说过，经济学如果是一门科学，那么经济学一定是数理科学。就像大爆炸之后的宇宙尘埃逐渐分离扩散形成不同的星体那样，经济学"都已习惯于不动脑筋"，走上了唯科学至上之途，以

---

① ［英］布莱恩·斯诺登主编：《现代宏观经济学发展的反思》，商务印书馆2000年版，第47—48页。

至于很多人甚至认为经济与其他社会科学的区别就在于经济学要使用数学方法并依靠数学模型进行"演绎"。维克赛尔针对瓦尔拉斯用数学方法证明"自由竞争能使效用最大化"的做法曾经说过："仅仅因为使用数学公式表达了他认为当时自由贸易主义拥护者们使用普通语言无法表达的观点，就认为他已经对他们未曾注意的地方进行了严格证明，基本上是一种可悲的看法。"罗宾逊却认为，虽然使用数学非常有助于问题的解决，因为 X 与 Y 之间的对称关系稳定而且和谐，但数学轻而易举就完全抹掉了"资本与劳动"的对立关系①。

3. 从方法论之争看西方经济学方法论（Methodenstreit）的实质

卡尔·门格尔（Carl Menger，1840—1912 年）与古斯塔夫·施穆勒（Gustav Schmoler，1838—1917 年）之间的"方法论之争"是经济学史上一次最重要的方法论之争。在这次论战中，双方的观点涉及对经济学的性质、范围及其政策含义的不同看法。卡尔·门格尔、W. S. 杰文斯和里昂·瓦尔拉斯一起，是以边际效用分析的共同创立人之一和现代新古典经济学的创始人之一，被公认为奥地利经济学派的奠基人，他在 1883 年《关于社会科学尤其是经济学的方法的调查研究》专著中认为，经济学是纯理论，经济科学的问题是找出典型事件的因果规律，它的基础是对行为的假设和前提条件。因而有必要"弄清一切真实事物的最简单的因素，正因为这些因素是最简单的，它们必须被认为是严格典型的"，并运用被称为"因果—遗传"的方法以最简单因素为起点开始研究经济规律。门格尔关于行为的假设，意味着一种由动机自私的个人所组成的社会制度。关于理论和实证研究在经济学中的地位这一基本问题，门格尔与施穆勒的意见一致，都认为两者都是必要的。但是，对于应该更强调哪一个以及它们在形成结论过程中的作用，两人却各执己见。门格尔认为，以广泛的、可能带有普遍意义的假设为依据的"纯"理论，通过正确的逻辑分析得出的结论具有同样广泛的适用性和实用性。以经验数据为基础的定理却只对作为它们依据的有

① ［英］琼·罗宾逊：《经济哲学》，安佳译，商务印书馆 2011 年版，第 166 页。

限数据是正确的。由于经验数据往往不全面，且受到时间和空间的限制，由此得出的结论肯定会有问题，并缺乏普遍意义。然而，人们却可以通过严密的逻辑分析，从不受时间、空间或特殊环境限制的假设中，得出正确的具有普遍意义的定理。

施穆勒也赞成对实证研究和理论都加以使用，但对两者的组合却有不同看法。他反对门格尔的逻辑推论法有三条主要理由：一是它的假设不现实；二是高度抽象使它大大偏离现实的世界经济；三是它缺乏实证内容。因此，在研究下列两个对于经济学家来说是至关重要的主要问题时，这种理论毫无用处：现代世界的经济制度是怎样发展成现在这种状况的？支配它们的法则和规律是什么？适当的方法是从历史实证研究中归纳出普遍原理来。

方法论之争，对经济学的发展产生过重要的影响。施穆勒抨击逻辑推理法，认为它生来就缺乏实证内容。然而，人们也采纳了门格尔提倡的把理论与实证研究相结合的方法。在 20 世纪，经济学愈来愈成为一种建立在"好像"假设之上的理论学科，它通过严密的逻辑方法得出普遍原理。然后再用实证研究来检验，从普遍原理中得出有关现实的假设前提。施穆勒认为经济学是以研究实例为基础的实证学科，普遍原理既来自于数据，又要受到数据的检验。在 100 年后爆发的那场新的方法论之战中，人们仍然用这一观点来批评主流学派。[①]

从当代西方主流经济学方法论之争来看，争论的主要内容通常"仅仅涉及如何以最好的方式来表达已普遍接受的方法"。根据他们表明的偏好来看，已被接受的方法要么是保罗·萨缪尔森的"描述法"或者"操作主义"，即理论应当有一个可操作的结果；要么就是米尔顿·弗里德曼的"工具主义"，即理论仅仅是进行预测的工具。"描述法"或"操作主义"认为，理论并不是解释可见的现象，而只是或好或坏的分析描述这些现象。"工具主义"认为理论只是一种工具，为协助经济决策而进行预测，或者用来实际衡量现实世界的主要参数。

---

① 《新帕尔格雷夫经济学大辞典》第 3 卷，经济科学出版社 1992 年版，第 487—488 页。

弗里德曼对他的经济学工具主义方法论的经典表述是这样的：

> 作为一套实质性假说，理论应该用其对它旨在加以"解释"的那类现象的预测能力来检验。只有事实证据才能表明理论是"对"还是"错"，或者说得更清楚一些，是可以作为暂时正确"被接受"还是"被否定"。……检验一种假设有效性的唯一办法，是看这一假说的预测与经验是否相符。如果这一假说的预测（"经常地"或是比另一种假说的预测更多地）与经验相矛盾，这种假说就会被否定；不矛盾，就会得到承认；要是在很多情况下不矛盾，人们就会对它非常有信心。事实证据从来不能"证明"一种假说，而只能是无法证伪。一般而言，当我们不大准确地说，这个假说已经得到经验"证实"的时候，说的就是这个意思。①

用约翰·波顿的话说，根据弗里德曼的观点，对建立一种富有成果的理论而言，其恰当的标准不在于理论假设是不是"现实主义"的，而在于理论预见得到经验证实的程度。他的论点建立在这样的命题上：如果理论假设都不可避免地——如果想要取得科学成果——存在某种程度的"不真实"。之所以如此，是因为科学的目的不是复制充满五光十色的复杂事物的"真实世界"，而是从一般事物中抽象出简单的模型，使我们能够预测它的行为。显而易见，弗里德曼的方法论源于马歇尔的方法。正如西方学者所评价的，尽管他采取的"实证经济学方法论"及强调检验预测、利润最大化并轻视调查方法经常被视为现代经济学的基础，但他的方法是极其非正统的。弗里德曼一直坚持他的方法是马歇尔式的，而非瓦尔拉斯式的，正是这种差异使他的批评者不能理解他的研究。他推崇的正是经验结果，而不是逻辑精确性。换句话说，他对数据特别关注，无论是数据的来源还是数据的度量。弗里德曼在概念上也是马歇尔

---

① ［美］米尔顿·弗里德曼：《实证经济学论文集》，柏克译，商务印书馆 2014 年版，第 9—10 页。

式的，其理论的建立必须以完全熟悉数据为基础。实际上，他并不接受那种认为假设的来源是无关紧要的观点。可将它看做"杜威式的"而非"波普尔式的"探索过程的观点。

马克思主义与主流经济学之间基于意识形态上的差异的方法论论争有本质不同，当代西方主流经济学"操作主义"与"工具主义"之争的实质是相互间基于方法论观点的批判。如弗里德曼方法论观点本身便主要是反对 20 世纪 30 年代"实证主义"分析方法，弗里德曼批判了 20 世纪 30 年代的实证主义，而实证主义本身是对 18 世纪经验主义的批判，萨缪尔森批判了弗里德曼的工具主义。不知道又有谁会来批判所谓的萨缪尔森方法论，并因此成为下一个批判对象。正如方法论研究专家博兰所说，但是就目前而论，批判是当代方法论之争最重要的部分。①

（三）西方经济学与马克思主义政治经济学方法论：拉卡多斯科学研究框架方法视角的比较

借用西方学者拉卡多斯的科学研究框架方法（MSRP），经济学方法论体系分为世界观—硬核—保护带三个层次。首先是"经济世界观"层次。这一层次是经济学方法论所涉及的最高层次，即哲学、本体论的层面上的内容。虽然这一层次的方法论内容并不直接构成经济学的理论体系，但却对经济学研究的目标、视角以及研究者的立场等都起着决定性的作用。这是因为以客观公正的态度进行研究是科学研究精神的必然要求，这一点对于能否得出不受个人"价值判断"支配的关于经济运行的本质和规律来说，是至关重要的。马克思主义经济学方法论的本质特征是从物质资料生产的客观实际出发，以唯物辩证法和唯物史观的经济世界观揭示人类社会经济运动的本质和一般规律的方法和规则。对于辩证法的功能与实质，马克思在《资本论》第 1 卷第 2 版的跋中是这样定位的："辩证法，在其合理形态上，引起资产阶级及其空论主义的代言人的恼

———————

① 《新帕尔格雷夫经济学大辞典》第 3 卷，经济科学出版社 1992 年版，第 488—491 页。

怒和恐怖，因为辩证法在对现存事物的肯定的理解中同时包含对现存事物的否定的理解，即对现存事物的必然灭亡的理解；辩证法对每一种既成的形式都是从不断的运动中，因而也是从它的暂时性方面去理解；辩证法不崇拜任何东西，按其本质来说，它是批判的和革命的。"①

马克思的辩证法这一方法论"总开关"的准确理解，需要引用俄国资产阶级经济学家伊·考夫曼在《欧洲通报》上撰写的《卡尔·马克思的政治经济学批判的观点》一文的观点。该文对《资本论》的方法进行了评述并得到了马克思的赞同，马克思引述了考夫曼的很长的一段话之后说，考夫曼"他把称为我的实际方法的东西描述得这样恰当，并且在谈到我个人对这种方法的运用时抱着这样的好感，那他所描述的不正是辩证方法吗？"考夫曼所描述的马克思辩证方法的要点包括：

　　第一，在马克思看来，重要的不是对现象的描述，而是发现他所研究的那些现象的规律。第二，研究规律时，不仅要揭示当某些现象具有完成形式和处于稳定时期时的规律，更重要的是揭示这些现象变化的规律、发展的规律，即由一种形式过渡到另一种形式的规律。第三，马克思一旦发现了规律，就详细地考察这个规律在社会生活中表现出来的各种后果。他通过准确的科学研究来证明一定的社会关系秩序的必然性，因为这种必然性正是规律发生作用的结果和表现。第四，只要通过规律的揭示，证明了现有社会经济秩序的必然性，那么，同时也就证明了这种社会经济秩序不可避免地要过渡到另一种秩序的必然性。第五，马克思把社会经济运动过程看作不是偶然的或由人们主观意志、意图决定的过程，而是受到一定规律支配的自然历史过程，即客观必然过程。第六，经济规律不是永恒地在一切社会中都一样起作用，每个社会经济形态都有自己特有的规律不能把经济规律同物理定律和化学定律相比拟。第七，

---

① 《马克思恩格斯文集》第5卷，人民出版社2009年版，第22页。

不同社会的经济规律之所以不同，是由于生产关系不同，而生产关系的不同又是由生产力水平不同决定的。第八，考夫曼最后指出《资本论》"研究的科学价值在于阐明了支配着一定社会机体的产生、生存、发展和死亡以及为另一更高的有机体的特殊规律"[①]。

马克思引用这一段长话，系统地说明了他的辩证法，也描述了这个方法的唯物主义基础。以此为基点，可以把马克思主义经济学的经济世界观原则简化为五个主要命题。[②]

一是从生产力与生产关系的矛盾运动中解释社会经济制度变迁。从根本上说，社会发展的决定性就是经济必然性，即生产力和生产关系矛盾运动对人类历史进程的决定性。由于分工具有的二重性属性，使之成为生产力和生产关系相互作用的中介，由此获得了生产力和生产关系相互作用的内在机制：生产力（生产工具）—生产的技术形式—分工与经济活动方式—所有制关系（生产关系）。以上分析引出一个思考：所有制关系也就是生产关系，对所有制关系的考察绝对不能离开对生产和再生产过程的考察。由此得到的启示是：生产力对所有制关系或生产关系的作用机制，是随着生产的不断进行而作为整个社会经济运动过程展开的。二是以生产资料所有制为基础确定这个社会经济制度的性质。三是从历史形成的社会经济结构的整体制约中分析人的经济行为。四是依据经济关系来理解政治和法律的制度以及道德规范。五是通过社会实践实现社会经济发展合规律性与合目的性的统一。

历史发展的实践证明，建立在唯物辩证法和唯物史观基础上的、以《资本论》为完整展现的马克思主义社会科学研究方法，提供给我们理解、剖析和透视纷繁复杂的经济现象、抓住其运行本质和规律的独辟蹊径的视角。这和西方主流经济学方法论以资源的"稀缺性"和"理性经济人"为基本假设，以唯心的、形而上学的

---

① 卫兴华：《〈资本论〉精选讲解》，中国人民大学出版社 2014 年版，第 13 页。
② 林岗、张宇：《〈资本论〉的方法论意义——马克思主义经济学的五个方法论命题》，《当代经济研究》2000 年第 6 期。

经济世界观为基础有着本质的不同。列宁说过："自从《资本论》问世以来，唯物主义历史观已经不是假设，而是科学地证明了的原理。在我们还没有看见另一种科学地解释某种社会形态（正是社会形态，而不是什么国家或民族甚至阶级等等的生活方式）的活动和发展的尝试以前，没有看见另一种象唯物主义那样能把'有关事实'整理得井然有序，能对某一社会形态作出严格的科学解释并给以生动描绘的尝试以前，唯物主义历史观始终是社会科学的同义词。唯物主义并不像米海洛夫斯基先生所想的那样，'多半是科学的历史观'，而是唯一科学的历史观。"① 马克思的全部理论和方法，就是运用最彻底、最完整、最周密、内容最丰富的发展论去考察现代资本主义，并将其在思维的行程中、在精神上、在理论上再现出来。马克思研究经济学和社会科学的方法是他留给人类研究自身生产和生活方式的思想瑰宝。只有站在他的肩膀上，我们才能更深入、更透彻地理解整体经济的运行，才能在纷繁复杂的表象中理解经济运行的体制与机制，达致对经济发展的规律性认识和把握。

　　经济学方法论的第二层次是方法论"硬核"。这一层次的内容是"经济世界观"在经济学研究以及随后的经济理论中的具体反映。每种经济学研究范式的核心概念都建立在这个层次上，它是任何一种理论体系构建的前提和基础，因而决定着整个范式理论体系的科学性和稳定性。在这个层次上，关于经济中人的行为的规定性可被视为经济学方法论的"硬核"，因为无论是马克思主义经济学还是西方主流经济学，都是以对经济中"人的经济行为"的研究作为出发点和核心。只不过西方主流经济学把人只是假定为狭隘的"理性经济人"，我们并不否认理性的经济行为是人在经济决策过程中的一个重要方面，但同样不可否认的是，理性地追求最优化的经济行为绝不是人类经济行为的全部。因此，建立在"理性经济人"假设基础之上的西方主流经济理论体系是不科学的、偏颇的，以一

---

　　① 《列宁专题文集·论辩证唯物主义和历史唯物主义》，人民出版社2009年版，第163页。

孔之见代替全面的分析，从而得出对部分来讲即使有一定的道理，但就整体而言是荒谬的结论，因而，必定将问题的分析引入歧途。与西方主流经济学不同，马克思主义经济学将处于一定经济发展阶段的、一定经济关系中的"历史的、现实的人"作为其整个理论体系的基本出发点和前提。在马克思主义经济学的研究范式中，经济中的人是作为经济关系的人格化而出现的，其中包含着人在再生产过程中的理性经济行为。例如，在马克思那里，资本家剥削雇佣工人以追求剩余价值的最大化；而在西方主流经济学看来，资本主义企业主追求利润最大化是理性的经济行为。如上所见，当"理性经济人"这个方法论"硬核"被推翻时，西方经济学的整个理论体系就面临崩塌的危险，需要重新加以构建和完善，而事实却正是如此。

第三层次"理论保护带"，是经济学方法论的最低层次。马克·布劳格借用拉卡托斯的话说：

> 所有的科研框架都可以它们的"硬核"为特征，在硬核的四周围绕着辅助假设这样的保护带，这些保护带承受着检验的冲击。按"硬核"的首创者们的方法论上的判定，硬核是不可反驳的，它除了包含纯粹的形而上学式的信仰之外，还包含"正面启发"和"反面启发"，事实上这些启发是由一系列的"做"和一系列的"不能做"组成的。保护带包含了科研框架的灵活部分，硬核正是在这里和辅助性假设结合起来形成了特定的可检验的理论，由此研究框架才赢得了科学的声誉。①

这个层次的方法论主要是以方法论"硬核"为基础，是抽象和构造具体经济理论的初始假设条件。"理论保护带"围绕着方法论的"硬核"展开，其主要的作用是当经济理论不能很好地解释经济现实时，避免由于理论和现实之间的这种冲突，而对方法论"硬核"进行修正，从而防止整个理论体系崩塌。在具体的做法上，通

---

① ［英］马克·布劳格：《经济学方法论》，黎明星、陈一民等译，北京大学出版社1990年版，第41页。

过对"理论保护带"的修正，避免理论和现实的冲突，加强理论对现实的解释能力。例如，西方主流经济学在对市场结构进行研究时的各种假设以及马克思在研究资本的循环和周转时的各种假设都属于这个层次的方法论。

而马克思的研究方法和叙述方法都是建立在唯物主义基础上，"当然，在形式上，叙述方法必须与研究方法不同。研究必须充分地占有材料，分析它的各种发展形式，探寻这些形式的内在联系。只有这项工作完成以后，现实的运动才能适当地叙述出来"①。因此，研究方法在形式上就表现为从复杂的、具体的事物出发，通过从感性认识跃进到理性认识的思维活动，概括出最简单的、最抽象的概念来。事物的内在联系一旦得出来之后，叙述方法在形式上就同研究方法不同，它是采用从简单的关系到复杂的关系、从抽象的概念到具体的概念的方法。实际上是先根据大量的事实材料，完成了从具体到抽象的研究，然后才有从抽象到具体的叙述。马克思运用了这种方法，即在研究中从具体到抽象，辩证地分解了整个资本主义生产关系，在叙述中又从抽象到具体，把这个辩证地分解了的抽象规定，完全按照它的具体的统一性和多样性再现出来。这样就使马克思主义经济学成为一个有严密结构和科学体系的整体。

（四）　基本结论

马克思政治经济学与现代主流经济学在分析范式上的根本差异主要表现为以下方面：

在研究对象上，马克思政治经济学着眼于公共领域——资本主义生产方式以及和它相适应的生产关系和交换关系的研究，更多地关注社会制度的设立和完善问题；西方主流经济学着眼于私人领域——基于稀缺性和个人抉择的资源配置问题的研究，关注既定社会制度下的人类行为，集中分析社会财富的创造、社会财富的配置问题。在理论基础上，马克思主义经济学主要集中于科学的劳动价值论的理论基础的建构，从劳动二重性和价值出发，提出较为完善

---

① 《马克思恩格斯文集》第 5 卷，人民出版社 2009 年版，第 21—22 页。

的价值量理论，指出商品的价值量是由社会必要劳动时间决定，揭示了商品拜物教的性质和秘密，并提出了科学的价值规律理论。西方经济学则以相当于马克思经济学理论体系中没有劳动价值论的价格理论——均衡价格论为理论基础，它为研究价格在市场经济中配置资源的作用，以及供求对价格波动的影响，提供了一个方便的理论框架和研究起点。在研究思维上，马克思经济学把经济学视为一门社会科学，认识到经济现象从属于社会系统，从而走社会科学交叉的道路，注重历史的、规范的分析，强调对事物本质的揭示和因果机理的挖掘；现代主流经济学把经济学视为一门自然科学，从而走数理化的道路，注重逻辑的、实证的分析，强调对事物现象的揭示和功能联系的挖掘。在前提预设上，马克思经济学的参照系是一种理想状态，体现了事物的实在结构和内在本质，并把这一本质视为已经被异化的现状未来所要回归的基本方面，从而强调其现实性和可实现性；主流经济学所预设的抽象假设则是建立在先验信条的基础之上，仅仅是为了解释的方便，而不具有现实性和可实现性。在潜含的价值判断上，马克思经济学根本上代表弱势群体的利益，关注整体社会和弱势群体的福利提高，对现实持反思和批判的态度，并注重对异化原因的挖掘；现代西方主流经济学则为既得利益服务，以伦理实证主义价值观来为现实辩护，以供求均衡来合理化社会制度，从而具有强烈的保守主义倾向。参见表1—1。

表1—1   马克思主义政治经济学与西方经济学分析范式上的差异比较

	研究对象	分析进路	理论基础	前提假设	价值判断	哲学传统
马克思主义政治经济学	主要集中于公共领域，研究生产方式以及和它相适应的生产关系和交换关系	注重历史的、规范的分析，强调对事物本质的揭示和因果机理的挖掘	科学的劳动价值论、剩余价值理论等	参照系是一种理想状态，体现了事物的实在结构和内在本质，强调其现实性和可实现性	注重整体社会和弱势群体的福利提高，为全人类的解放和人的全面发展服务	欧洲大陆黑格尔的辩证法传统

续表

	研究对象	分析进路	理论基础	前提假设	价值判断	哲学传统
西方经济学	主要集中于私人领域，研究稀缺性资源限制下的人类选择行为	注重逻辑的、实证的分析，强调对事物现象的揭示和功能联系的挖掘	边际效用理论、均衡价格理论等	建立在先验信条的基础之上，出于解释的方便而不具有现实性和可实现性	为既得利益服务，为现存生产方式和制度安排的合理性辩护	英语世界的洛克和休谟的经验主义传统

　　马克思经济学与西方主流经济学的分析范式差异所决定的方法论上的根本分歧包括以下两个方面。

　　一方面，在对事物认知所持思维上，马克思主义经济学努力探索事物的实在结构，这体现了本体主义思维，而与西方主流经济学的工具主义思维存在根本性不同；马克思主义经济学努力揭示事物之间的作用机制，这体现了因果主义思维，而与现代主流经济学的功能主义思维存在根本性不同；马克思主义经济学将社会经济现象视为相互联系而密不可分的整体，从而贯彻了整体主义的认知思维，这与现代主流经济学的个体主义分析进路存在很大差异。

　　另一方面，在对事物认知所持态度上，马克思主义经济学集中分析现实制度的不合理性，这体现了异化论思维，而与西方主流经济学的伦理自然主义思维存在根本性不同；马克思主义经济学努力构设合理社会的评估标准，这体现了规范主义思维，而与现代主流经济学的伦理实证主义思维存在根本性不同；马克思主义经济学关注社会正义和弱势者的利益诉求，这体现了人本主义精神，而与现代主流经济学的物本主义思维存在根本性不同；马克思主义经济学努力挖掘政策潜含的利益导向，这体现了结构主义思维，而与西方主流经济学的机械整体论思维存在根本性不同；马克思主义政治经济学致力于社会制度的改革和完善，这体现了动态演化观思维，而与现代主流经济学的静态均衡论思维存在根本性不同。参见表

1—2。

表 1—2   **马克思主义政治经济学与西方经济学方法论上的差异比较**

	认知思维	认知态度
马克思主义 政治经济学	本体主义，因果主义、整体主义和历史唯物主义	异化论、规范主义、人本主义、结构主义和动态演化观
西方经济学	工具主义、功能主义、个体唯心主义和普遍主义特性	伦理自然主义、伦理实证主义、物本主义机械整体论思维和静态均衡论

资料来源：根据朱富强等的研究整理。

综上所述，马克思主义经济学在以下方面比西方主流经济学要深刻得多：一是在研究的根本目的上。马克思政治经济学是人本主义的，关注整体社会和弱势群体的福利提高。因此，不仅关注人与自然之间关系及相应的物质资源的创造问题，而且还关注人与人之间的关系及相应的社会资源的创造问题；西方主流经济学则是物质主义的，在既定社会制度的情况下仅仅关心资源的配置问题。二是在研究的基本领域上。马克思经济学认识到整个社会是一个相互联系的系统，因而关心公共领域的制度安排问题。西方主流经济学则从孤立的个体主义出发，探究私人领域中的发财致富问题。三是在理想状态的选择上。马克思政治经济学认识到经济现象从属于社会系统，因而努力探究事物的本质，并把这一本质视为未来所要回归的基本方向或理想状态；西方主流经济学的理想状态则是建立在假设的基础上，而这种假设往往不现实或根本不能实现。四是在基本立场上。正因为认识到现状与本质之间的差异，因而马克思政治经济学基本上是批判性的；西方主流经济学则热衷于通过供求分析来解释现状，并在伦理实证主义的支配下为现状辩护。

第二章

马克思的剥削和私有制思想

在马克思看来，私有制是产生剥削的前提条件。因为私有制使得分工成为可能，同样，分工也使得私有制成为可能，私有制与分工互为因果，私有制和分工构成了劳动异化的逻辑前提，而劳动异化使得这样的剥削事实变成现实。从这个意义上讲，私有制和剥削问题是与分工密切相关的。我们知道，分工又是与生产力的发展水平相互关联的，这就是说，分工的发展，基于私有制基础上的剥削都是由一定的生产力发展水平决定的。因此，对私有制和剥削这两个重要概念深入探究，以及对二者之间的相互关系及其现状的具体分析，就显得非常重要。

一　剥削与私有制的概念辨析

（一）关于剥削的概念

剥削是一种历史现象，也是一种现实行为。主流的观点认为剥削在概念上可以分为狭义和广义两种。狭义的剥削是指依靠对生产资料或流通资料的所有权攫取他人劳动成果或无偿占有他人劳动的行为。狭义上的剥削的产生是与当时的生产力状况相联系的，也就是说，当生产力处于极端低下的阶段时，人们的劳动只是用来维持最基本的生存需求，没有剩余劳动，进而也就不会发生对剩余产品无偿占有的事情。在罗默看来："马克思的剥削理论可以被定义为劳动和商品的不平等交换，当工人用工资购买的体现在商品中的劳动少于他赚取那笔收入时所消耗的劳动时，这个交易就是不平等的。"① 这是一种特定意义的剥削观念，于是，罗默在《剥削与阶级的一般理论》中提出剥削的一般概念：把一个社会划分为两个联盟S 和 S'，如果满足以下三个条件：（1）S 若退出可让渡方生产性资产中他平均占有的那一份，他的境况会改善；（2）S' 若退出可让渡方生产性资产中他平均占有的那一份，他的境况会变糟；（3）S 若从社会中退出他自己的资产，S' 的景况会变糟，那么 S 就是被剥削者，而 S' 是剥削者。② 这就是剥削的财产关系定义。埃尔斯特认为，这种财产关系定义没有把握 S 和 S' 之间的准确关系。赖特认为，如果说要有剥削存在，剥削者就必须剥削，并占有被剥削者的劳动成果。赖曼则指责财产关系的定义偏向于将剥削定义为提供被迫和无报酬的劳动。他认为马克思的剥削概念是："当一个社会的社会结构和制度迫使其中的一个阶级交出未付酬劳动，供另一个阶级统治和使用时，这个社会就是剥削社会。"③ 在柯亨看来，分配不公平是剥削的必要条件。而那种有制度化持续发生的抢劫就是剥削的一种形式，这就是说，暴力在某种程度上就构成剥削的必要条件，那种强行榨取未付酬劳动或者剩余劳动对平等主权理想的违背则是它成立的充分条件。

　　在埃尔斯特看来，马克思主义的剥削概念应该具有两重含义：一种是规范意义上的剥削，即剥削是错误的，剥削者在道德上应该受到谴责，一个容忍或产生剥削的社会应该被废除。另一种是解释意义上的剥削，即剥削可能为被剥削者采取反对这一制度的个人行为或集体行为提供基础，因而引发了对这种行动的解释。其表现的形式一种是非市场剥削，另一种是市场剥削。在非市场剥削中，埃尔斯特认为："正如马克思主义以内和以外所使用的那样，剥削的概念中有一种张力。一方面，有一种观点认为，剥削不同于强制，

---

　　① 参见韦尔、尼尔森《分析马克思主义新论》，中国人民大学出版社 2002 年版，第 262—263 页。

　　② ［加］韦尔、尼尔森：《分析马克思主义新论》，鲁克俭、王来金、杨洁等译，中国人民大学出版社 2002 年版，第 204 页。

　　③ 同上书，第 249 页。

被剥削就是被不公平地利用，这是一种比物理强制的对象更难以捉摸的伤害形式。我们可能不会说，那些向商号收取保护费的黑社会组织的受害者受到了剥削，我们当然也不会说一次武装抢劫的受害者受到剥削。另一方面，尽管封建剥削可能与向商号收取保护费的黑社会组织有很大区别，但否认奴隶或农奴受到了剥削却是有悖常理。"① 市场剥削是通过市场交换来榨取剩余劳动的一种剥削方式，特指资本主义市场经济剥削。

其实，我们在马克思《1857—1858年经济学手稿》中看到，马克思就资本主义以前各种形式中探究了劳动过程中的剥削概念，认为由四个要素构成：一是劳动是被迫的；二是一部分劳动是无偿劳动；三是劳动者生产了剩余；四是劳动者无法支配他们自己的产品。可以说，马克思对剥削条件的设定，构成了他的一般剥削概念，就此而言，我们也可以在马克思《德意志意识形态》中洞察到："在霍尔巴赫那里，个人在相互交往中的一切活动，例如谈话、爱情等等都被描写成功利关系和利用关系。……在这种情况下，功利关系具有十分明确的意义，即我是通过我使别人受到损失的办法来为我自己取得利益〔人剥削人〕……所有这一切的确就是资产者那里的情况。对资产者来说，只有一种关系——剥削关系——才具有独立自在的意义。对资产者来说，其他一切关系只有在能够被他归结到这种惟一的关系中去时才有意义，甚至在他发现了有不能直接从属于剥削关系的关系时，他至少也要在想象中使这些关系从属于剥削关系。这种利益的物质表现就是金钱，即一切事情，一切人和社会关系的价值的代表者。"② 这里，表达了马克思的一般剥削概念，一是剥削人就像人利用工具和自然资源一样利用他；二是这种利用对于被利用者是有害的；三是这种利用的目的就是为了自身的利益。

马克思在《1844年经济学哲学手稿》中写道："一旦有了交换，就有了超过占有的直接界限的剩余产品。但是这种剩余产品并没有超出利己的需要。相反，它只是用以满足这样的需要的中介手

---

① 〔美〕埃尔斯特：《理解马克思》，何怀远译，中国人民大学出版社2008年版，第163页。

② 《德意志意识形态》，人民出版社2003年版，第114—115页。

段，这种需要不是直接在本人的产品中，而是在另一个人的产品中对象化。……我是为自己而不是为你生产，就像你是为自己而不是为我生产一样。……我们中间没有一个人作为人同另一个人的产品有消费关系。我们作为人并不是为了彼此为对方生产而存在。……不是人的本质构成我们彼此为对方进行生产的纽带。……我们每个人都把自己的产品看作是自己的、对象化的私利，从而把另一个人的产品看作是别人的、不以他为转移的、异己的、对象化的私利。当然，你作为人同我的产品有一种人的关系；你需要我的产品；因此，我的产品对你来说是作为你的愿望和你的意志的对象而存在的。但是，你的需要、你的愿望、你的意志对我的产品来说却是软弱无力的需要、愿望和意志。……我同你的社会关系，我为你的需要所进行的劳动只不过是假象……也只是一种以相互掠夺为基础的假象。"①

在马克思看来，剥削不只是资产者对雇佣劳动工人的剥削，也不只是一个资产者剥削工人问题，对于资产者而言，人与人之间的关系在总体上一般表现为剥削关系。比如说，金钱充其量在资本家和工人之间，以及资本家之间扮演着剥削的媒介。就凌驾于阶级之上的资本主义国家而言，它剥削所有社会成员，无产阶级与资产阶级同样都是受剥削者。因此，布坎南认为："马克思的剥削概念比前面设想的解释要更为宽泛和复杂。对马克思来说，剥削并不局限于劳动过程之中的关系，也不局限于阶级之间的关系。忽略了这些观点的解释，会使马克思把资本主义谴责为一个剥削的社会形态的思想变得乏力。马克思的批判不仅仅是说资本主义的劳动过程是剥削的，他批判的是资本主义社会彻头彻尾都是剥削的。资本家对工人的剥削是剥削社会的基石，但不是整栋大厦。把马克思的剥削概念局限在劳动过程中的任何解释都忽视了马克思的根本论点：一个社会的劳动过程对该社会的所有人类社会关系都具有普遍的影响力。"②

---

① ［德］马克思：《1844 年经济学哲学手稿》，人民出版社 2000 年版，第 180—181 页。

② ［美］布坎南：《马克思与正义》，人民出版社 2013 年版，第 54—55 页。

如果从历史唯物主义观点出发，我们可以看到，剥削的确是人类社会发展到一定阶段产生的。随着分工与协作关系的发展，私有者和财产关系的明晰化，社会生产力的发展促使劳动的产品总量不断地增多，一旦这些产品除了能够满足劳动生产者最基本的生活需求之外还有剩余，这些剩余产品被交换双方交换各自需要的东西，这样的交换形式的不断演化，逐渐建立起了规范的经济规则，在遵循自愿平等原则基础上，使得商品经济获得快速发展。与此同时，为了更好地发展商品经济，财产的所有权问题成为商品交换的核心问题，换言之，如果交换双方所交换的物品的所有权富有争议，这就使得交换成为一种不公平和不正义的方式，这就促使我们不得不思考，交换的物品本身的归属问题，即物权问题。一般来说，谁劳动，劳动产品归之于谁；相反，没有劳动就不能占有劳动产品。但是，由于某种生产制度性的安排，使得某些人劳动的产品并不能归于他们自己；相反，归之于那些掌握权力的人，或者归之于那些实施暴力的人，这就使得那些有权占有者借助暴力，无偿占有那些不该属于他们的劳动产品。而那些劳动生产者无法抵制暴力，没有足够的能力和力量保持自己的劳动产品的情况下，最终劳动成果被他者占有。从这个意义上讲，我们把这种未付酬劳动占有的行为，称之为剥削。我们可以肯定地说，在那些大量的剥削行为表现中，除了能够对生产资料私有权实行垄断，还存在着凭借对生产资料、流通资料及一切可支配利益关系的管理和控制，对他人劳动成果进行无偿占有的剥削行为，这种行为应该是不正当和不合理的。因此，我们可以说，马克思的剥削问题正是以剩余价值为基础，来进一步揭示资产阶级对工人阶级剥削的实质。

马克思剩余价值表明，在资本主义社会，劳动者与生产资料的分离，资本家通过购买劳动者作为劳动力的方式，将作为劳动者的劳动力与生产资料结合起来，进行生产并且获得剩余价值。我们看到，生产资料和货币采取资本形式，生产资料的所有制成为资本人格化的资本家，资本家与工人是雇佣劳动关系。然而，资本家占有生产资料，而工人作为劳动力在生产活动中能够创造超出自己工资之外的价值，我们把这种增值的价值称为剩余价值。从剩余价值的定义之中，我们看到，资本家雇佣工人为自己劳动，其支付给劳动者的工资仅仅表现为劳动的价格，或者工人全部劳动的报酬，这就模糊了工人必要劳动和剩余劳动的界限，掩盖了资本主义的剥削关系。其实，在资本主义私有制条件下，"生产过程和价值增殖过程的结果，首先是资本和劳动的关系本身的，资本家和工人的关系本身的再生产和新生产。这种社会关系，生产关系，实际上是这个过程的比其物质结果更为重要的结果。这就是说，在这个过程中工人把他本身作为劳动能力生产出来，也生产出同他相对立的资本，同样另一方面，资本家把他本身作为资本生产出来，也生产出同他相对立的活劳动能力"①。我们可以看出，马克思试图阐明可变资本所推动的雇佣劳动与剩余价值之间的对应关系，进一步表明资本家是凭借对生产资料的所有权而无偿占有他人剩余劳动和剩余产品，这充分体现了资本家与雇佣工人之间的剥削与被剥削关系。

（二）关于私有制与私有财产问题

就私有制而言，马克思、恩格斯在《德意志意识形态》中指出："无论在古代或现代民族中，真正的私有制只是随着动产的出现才开始的。"② 这将表明，只有现代国家与这种现代私有制相适应。有鉴于此，马克思在《1844年哲学经济学手稿》中已经做出充分论证与一说明，马克思指出，动产显示工业和运动的奇迹，它是现代之子，现代的合法的嫡子。动产已经使人人获得了政治的自由，解脱了束缚市民社会的桎梏，把各领域彼此连成一体，创造了博爱的商业、纯洁的道德、令人愉快的文化教养；它给人民以文明的需要来代替粗陋的需要，并提供了满足需要的手段。③ 这就是说，在古代与现代民族之中，虽然有私有制存在，但是仅仅是一种表现形式，其表现是对不动产的占有。只有到了工业社会，资本使得不动产变成动产，使得工业显示奇迹，这时，私有制才真正实现了自己，成为真正的私有制。

---

① 《马克思恩格斯全集》第46卷（上），人民出版社1979年版，第455页。
② 《马克思恩格斯选集》第1卷，人民出版社1995年版，第131页。
③ ［德］马克思：《1844年经济学哲学手稿》，人民出版社2000年版，第70页。

马克思在《1857—1858 年经济学手稿》的关于《资本主义生产以前各种形式》中，对亚细亚、古代古典、日耳曼共同体的考察中试图论证，在这些部落所有制中，哪一种共同体将会发展成为资产阶级社会，即市民社会。马克思考察的切入点就是地产，通过研究指出，私有制应该是人类文明进化的产物，同时也是劳动异化的产物。"私有财产是外化劳动即工人对自然界和对自身的外在关系的产物、结果和必然后果。……私有财产表现为外化劳动的根据和原因……私有财产只有发展到最后的、最高的阶段，它的这个秘密才重新暴露出来，就是说，私有财产一方面是外化劳动的产物，另一方面又是劳动借以外化的手段，是这一外化的实现。"① 正因为如此，工业发展产生了真正的私有制，同样，工业生产力的进一步发展，私有制也变成桎梏，它也就成为其发展扬弃的对象。

从马克思在不同文本中对私有制的论述，我们看到，私有制不是永恒的范畴，它只有与现代资本主义国家相适应，从这个意义上讲，如果我们把共同体中的任何一种看作是以私有制为基础的社会，都是一种错误幻想。马克思说，私有制摆脱了共同体，国家获得了和市民社会并列并且在市民社会之外的独立存在；实际上国家不外是资产者为了在国内外相互保障各自的财产利益所必然要采取的一种组织形式。② 私有制旨在维护私有财产权，正是因为在这一制度中资产者始终占有生产资料，而无产者无法占有生产资料，由此构成了剥削的前提，即生产资料与劳动者分离，同时生产资料被资产者占有。可见，私有制对于建构剥削理论具有基础性地位。

可以说，马克思与以往的空想社会主义者不同，他从历史唯物主义出发，指出："从资本主义生产方式产生的资本主义占有方式，从而资本主义的私有制，是对个人的、以自己劳动为基础的私有制的第一个否定。但资本主义生产由于自然过程的必然性，造成了对自身的否定。这是否定的否定。这种否定不是重新建立私有制，而是在资本主义时代的成就的基础上，也就是说，在协作和对土地及

① ［德］马克思：《1844 年经济学哲学手稿》，人民出版社 2000 年版，第 61 页。
② 《马克思恩格斯选集》第 1 卷，人民出版社 1995 年版，第 132 页。

靠劳动本身生产的生产资料的共同占有的基础上，重新建立个人所有制。以个人自己劳动为基础的分散的私有制转化为资本主义私有制，同事实上已经以社会生产为基础的资本主义所有制转化为社会所有制比较起来，自然是一个长久得多、艰苦得多、困难得多的过程。前者是少数掠夺者剥夺人民群众，后者是人民群众剥夺少数掠夺者。"① 这就是说，资本主义私有制是对以个人劳动为基础的私有制的否定，而在社会所有制基础上建立起来的个人所有制就是对资本主义私有制的否定，这种否定之否定，使得少数掠夺者剥夺人民群众的情况转化为人民群众剥夺少数掠夺者。这就预示着，"生产资料的集中和劳动的社会化，达到了同它们的资本主义外壳不能相容的地步。这个外壳就要炸毁了。资本主义私有制的丧钟就要响了。剥夺者就要被剥夺了"②。这就是说，资本主义私有制是必然被废除的，这是不是意味着，我们要废除一切所有制？马克思认为："共产主义的特征并不是要废除一般的所有制，而是要废除资产阶级的所有制。但是，现代的资产阶级私有制是建立阶级对立上面、建立在一些人对另一些人的剥削上面的产品生产和占有的最后而又最完备的表现。从这个意义上说，共产党人可以把自己的理论概括为一句话：消灭私有制。"③ 因此，我们就能够理解，在消灭资本主义所有制之后，重建个人所有制成为历史发展的必然趋势，也只有在这个前提基础上，我们才能建立"自由人联合体"，才能使得人剥削人成为不可能，使得剥削现象消失。

二　剥削与私有制的关系

在罗默看来，马克思的剩余价值是不能作为剥削不公正的尺度的，其原因在于：一是在不存在劳动力市场的情况下，剥削照样存在。二是不仅劳动力，一切商品都受到了剥削。三是关注马克思主

---

①　《马克思恩格斯选集》第 2 卷，人民出版社 1995 年版，第 269—270 页。
②　同上书，第 269 页。
③　《马克思恩格斯选集》第 1 卷，人民出版社 1995 年版，第 286 页。

义技术意义上的剥削理论不如直接关注生产资料的不平等。四是马克思主义技术意义上的剥削概念没有提供那些与生产资料不同所有制相关的不公正的最好尺度。① 因此，罗默认为，技术性的马克思主义意义上的剥削，对于我们所关心的基本问题似乎是一个不必要的附属物。可以说，"剥削存在的决定因素是财产的初始分配。从更一般的意义上讲，是生产资料私有制度，这种制度允许财产分配被累积为代代相传的巨大的不平等。无论劳动市场还是剥削，都不是马克思主义所关注的不平等和不公正的来源"②。正因为如此，罗默基于财产关系给剥削下了定义："与财产的不平等所有权联系的结果的不平等。"③ 这就是说，如果一个社会成员在与平等的财产初始所有权相联系的产品分配中的境况比他在现实的产品分配中的境况更好，那他就是被剥削者；反之，如果一个社会成员在与平等的财产初始所有权相联系的产品分配中的境况比他在现实的产品分配中的境况更坏，那他就是剥削者。财产关系的剥削定义"它的好处是使人们能明确关注这样一种看法，即剥削是一个人遭受的损失，是对财产的不平等的初始分配的结果，人们视一个人受到不公正的对待，是因为他缺少在可转让的生产资料方面的平等资产；他是否被必然利用，这要通过他在当前制度下获得的收益与他在对可转让资产的初始分配的条件下将会得到的收益进行比较而确定"④。这样，罗默把自己的剥削概念看作一种一般性的、有区别于马克思的狭隘剥削概念。

其实，我们知道，在马克思看来，"财产最初无非意味着这样一种关系：人把他的生产的自然条件看作是属于他的、看作是自己的、看作是与他自身的存在一起产生的前提"⑤。如果说剥夺了人进行生产的自然条件，人就失去了其存在的基础，人就变成受奴役的

---

① 曹玉涛：《分析马克思主义正义论研究》，人民出版社 2010 年版，第 117—118 页。

② ［美］罗默：《在自由中丧失》，段忠桥、刘磊译，经济科学出版社 2003 年版，第 118 页。

③ 同上书，第 13 页。

④ 同上书，第 148 页。

⑤ 《马克思恩格斯全集》第 46 卷（上），人民出版社 1979 年版，第 491 页。

动物。正因为如此，马克思称资本主义制度是一种奴役制度。马克思指出，"我们首先应当确定一切人类生存的第一个前提，也就是一切历史的第一个前提，这个前提是：人们为了能够'创造历史'，必须能够生活。但是为了生活，首先就需要吃喝住穿以及其他一些东西。因此第一个历史活动就是生产满足这些需要的资料，即生产物质生活本身，而且这是这样的历史活动，一切历史的一种基本条件"①。人的首要的第一个历史活动，就是物质生产活动，通过这样的活动以便满足人自身的需求，这构成进一步推动社会发展的原动力。如果说人的这种活动因为制度原因无法真正实现，那么，构成这种制度的生产关系就严重阻碍了生产力的发展，并成为生产力发展的桎梏。为了消除这种阻碍生产力发展的障碍物，就必须消灭产生这种障碍物的现实的物质基础，这种基础就是使得生产力与生产关系产生不相适应的私有制，只有这样，问题才能获得真正解决。因为"私有制使我们变得如此愚蠢而片面，以致一个对象，只有当它为我们拥有的时候，就是说，当它对我们来说作为资本而存在，或者它被我们直接占有，被我们吃、喝、穿、住等等的时候，简言之，当它被我们使用的时候，才是我们的。尽管私有制本身又把占有的这一切直接实现仅仅看作生活手段，而它们作为手段为之服务的那种生活，是私有制的生活——劳动和资本化。……对私有财产的扬弃，是人的一切感觉和特性的彻底解放；但这种扬弃之所以是这种解放，正是因为这些感觉和特性无论在主体上还是在客体上都成为人的。眼睛成为人的眼睛，正像眼睛的对象成为社会的、人的、由人并为了人创造出来的对象一样。因此，感觉在自己的实践中直接成为理论家。感觉为了物而同物发生关系，但物本身是对自身和对人的一种对象性的、人的关系，反过来也是这样。当物按人的方式同人发生关系时，我才能在实践上按人的方式同物发生关系"②。这样，人才能够通过实践方式将物的尺度与人的尺度统一起来，实现人的关系回归人自身，从而使得人获得解放。

---

① 《马克思恩格斯选集》第 1 卷，人民出版社 1995 年版，第 78—79 页。
② ［德］马克思：《1844 年经济学哲学手稿》，人民出版社 2000 年版，第 85—86 页。

　　我们应该明晰，私有制和剥削现象都是人类历史发展一定阶段产生出来的，没有永久不灭的私有制，也没有剥削的一般，或者说剥削是永久性存在的。因为"在马克思看来，剥削是伴随私有制的产生而出现的，奴隶主的剥削是建立在奴隶主私有制基础上的；封建地主的剥削是建立在封建主义私有制基础上的；资本家的剥削是建立在资本主义私有制基础上的，因此，离开生产资料私有制，离开生产关系是不可能正确认识剥削范畴的，也是不可能正确判别剥削的"①。这就是说，在人类发展过程中，由于社会分工不同，生产资料占有者不同，其分配方式不同，这就使得那些掌握生产资料的所有权的占有者成为剥削者，而那些不占有甚至丧失生产资料的人们成为被剥削者，这种基于私有制建构的生产关系在某种程度上便构成了我们进一步判断剥削的理论依据。

　　如果说剥削的情况是发生在私有制的生产关系之中的，那么，起初剥削行为的产生，仅仅只需要有劳动者产出的剩余产品以及对这部分剩余产品的无偿占有的强制力。然而随着生产力迅速地发展，剥削关系从深度和广度上逐渐扩大，这时，剥削者就必须依靠基于私有制的生产关系来保障财富的不断增加，从而使得生产剩余劳动产品所必需的一切生产资源，包括对生产资料和劳动力乃至劳动者本身的占有成为现实。"资本并没有发明剩余劳动。凡是社会上一部分人享有生产资料垄断权的地方，劳动者，无论是自由的或不自由的，都必须在维持自身生活所必需的劳动时间以外，追加超额的劳动时间来为生产资料的所有者生产生活资料，不论这些所有者是雅典的贵族，伊特鲁里亚的神权政治首领，罗马的市民，诺曼的男爵，美国的奴隶主，瓦拉几亚的领主，现代的地主，还是资本家。"② 马克思试图论证和说明，私有制和剥削是人类社会发展必然产生的历史现象，比如，从最初的奴隶制到封建制，再到资本主义制度，它们的剥削现象都是基于对生产资料的私有权全部垄断。在奴隶社会中，奴隶主无偿占有了生产资料、奴隶的全部劳动乃至奴

---

① 潘石：《科学对待私有制与剥削》，《当代经济研究》2005 年第 6 期，第 27 页。
② ［德］马克思：《资本论》第 1 卷，人民出版社 2004 年版，第 272 页。

隶个人本身；在封建社会中，地主无偿占有了生产资料、农民的全部剩余劳动甚至一部分必要劳动；在资本主义社会中，生产资料的占有者通过延长劳动时间来让劳动者为他们生产剩余劳动产品，产出的剩余劳动又被他们无偿占有。可以说，"资本来到世间，从头到脚，每个毛孔都滴着血和肮脏的东西"①。马克思基于私有制的三种社会形态的分析，指明这些社会形态中的每一种都是人类历史发展中的一个环节，它们之中产生的社会现象以及造成这样的社会现象的基础，都将会随着其社会形态的结束而终结。这就是说，伴随着私有制产生的剥削现象随着私有制的消灭而消灭，而私有制的消灭也是人类社会发展的历史必然。正是在这个意义上，我们才能更好地理解"资本主义必然灭亡，社会主义必然胜利"，社会主义取代资本主义成为历史发展的趋势，换言之，公有制取代私有制成为历史发展的必然。

三　剥削与中国现阶段的经济社会发展

（一）剥削建立在生产力落后的基础上

在掌握了马克思关于剥削的实质和含义，我们就应该回答现阶段中国是否存在剥削，以及如何科学地认识现阶段中国存在的剥削等问题。

根据马克思关于剥削本质的含义，我们看到，我国仍然存在着凭借对生产资料的占有而无偿占有别人剩余劳动以及劳动产品的现象，这就意味着剥削是存在的。从理论和实践上来看，我国现阶段存在着剥削现象似乎成为一个不争的事实。

在马克思看来，随着私有制的产生，阶级也随之产生，阶级作为一个经济范畴，意味着"这样一个大集团，这些集团在历史上一定的社会生产体系中所处的地位不同，同生产资料是关系（这种关系大部分是在法律上明文规定了的）不同，在社会劳动组织中所起

---

① 《马克思恩格斯全集》第 23 卷，人民出版社 1972 年版，第 829 页。

的作用不同，因而取得归自己支配的那份社会财富的方式和多寡也不同。所谓阶级，就是这样一些集团，由于它们在一定社会经济结构中所处的地位不同，其中一个集团能够占有另一个集团的劳动"①。从本质上看，阶级就是基于对生产资料占有关系的不同而形成的利益根本对立的社会集团或人群共同体。国家本质上是一个阶级概念、政治范畴，它是阶级统治的工具，是一个阶级镇压另一个阶级的暴力机构。作为共产主义发展的初级阶段、过渡阶段，虽然社会主义国家是消灭了剥削制度和剥削阶级的，但剥削现象没有也绝不可能随着剥削制度和阶级的被消灭而消灭。因此，邓小平指出："社会主义的本质，是解放生产力，发展生产力，消灭剥削，消除两极分化，最终达到共同富裕。"② 之所以如此，原因在于，我国的社会主义是建立在经济文化相对落后的、极不发达的半殖民地半封建社会的基础之上的，是一种不发达的社会主义，是处在初级阶段的社会主义。我国的基本国情是当前处于并将长期处于社会主义初级阶段。

社会主义初级阶段的不发达和不平衡的生产力，使得建立在社会主义生产关系之上的生产资料公有制，虽然与资本主义私有制的制度有本质性区别，但是，在经济文化相对落后的基础上建立起来的社会主义国家，实施的经济结构绝不可能是纯而又纯的。可以说，在一个相当长的时间里，我们国家不可能也不应该建立起一个单一的所有制结构，而应该是从中国实际生产力发展具体情况出发，建立起以公有制为主体、多种所有制经济共同发展的经济结构模式。如果说多种所有制经济被允许存在，那么其中必然包括个体私营经济、中外合资经济、民营经济，等等。这种经济结构的存在，使得剥削仍然在一个相当长的时间内存在下去，与此相应，我国的分配形式是以按劳分配为主体，包括生产要素在内的多种分配方式并存。按照生产要素的分配使得生产资料的占有者因为占有了生产资料而有权力参与劳动者剩余劳动的分配的现象存在，这种现

①《列宁选集》第 4 卷，人民出版社 2012 年版，第 11 页。

②《邓小平文选》第 3 卷，人民出版社 1993 年版，第 373 页。

象在现行的社会生产力发展的情况下将会继续发展下去。历史唯物主义揭示了不论处于何种经济制度之下，当生产资料的所有权和劳动者相分离时，剥削现象就有了它产生的逻辑前提和基础，这就使得剥削客观地存在于社会发展的不同的历史阶段成为可能。这样一来，我国现阶段出现的剥削现象就是不可避免的。

（二）如何科学地认识现阶段我国存在的剥削

从我国的经济结构模式的分析，我们看到，我国现阶段存在着剥削现象是不能否认的。这是因为我国生产力发展相对落后，生产关系虽然优越于生产力的发展，但生产关系的优越性还没有完全获得良好的体现，特别是社会主义在社会发展中无法完全彻底消除产生剥削的现实基础，因此，我国现阶段存在的剥削问题成为一个非常重要的理论和现实问题，这也是需要我们认真思考和解决的问题。

我国现阶段所存在的剥削比较特殊，它是不同于以往的剥削，尤其是资本主义的剥削。首先，我国现阶段所存在的剥削不是一种制度性的剥削。这就是说，社会主义制度设计和安排，从根本上就是防止新的剥削现象的出现，从这个意义上讲，剥削现象的出现不是社会主义制度下的必然产物，其主要原因在于，我国现在处于并将长期处于社会主义初级阶段，落后生产力的发展水平决定了与之相适应的经济制度和分配制度。如果生产力发展水平不断得到提升，将会不断地完善现存的经济制度和分配制度，从而真正杜绝和防止剥削现象的重新出现。其次，我国现阶段所存在的剥削不是阶级之间的剥削。现阶段，由于社会分工的发展，经济结构呈现多元模式，使得人们在生产过程之中，所获得的生产要素不同，其所有权的不同，决定着分配方式也不同，这就使得剥削现象在社会主义社会中滋生繁衍，只有我们坚持共产党的领导、人民当家作主和依法治国的有机统一，大力发展社会主义文化，建立社会主义精神文明，发展文学艺术事业，营造良好的文化环境，提高社会文明程度，博采世界文明之长，坚决抵制各种腐朽思想文化的侵蚀，实现真正的社会公正和平等，才能在消除阶级意识的基础上消灭剥削。

我们应该在超越道德层面上来理解我国现阶段的剥削问题。马克思指出：“资本的文明面之一是，它榨取这种剩余劳动的方式和条件，同以前的奴隶制、农奴制等形式相比，都更有利于生产力的发展，有利于社会关系的发展，有利于更高级的新形态的各种要素的创造。因此，资本一方面会导致这样一个阶段，在这个阶段上，社会上的一部分人靠牺牲另一部分人来强制和垄断社会发展（包括这种发展物质方面和精神方面的利益）的现象将会消灭；另一方面，这个阶段又会为这样一些关系创造出物质手段和萌芽，这些关系在一个更高级的社会形式中，使这种剩余劳动能够同物质劳动一般所占用的时间的更大的节制结合在一起。”①这就是说，资本主义的剥削方式与以往的奴隶社会、封建社会存在的剥削方式比起来，更加有利于生产力的发展。恩格斯也是这样评述马克思的观点的：“马克思了解古代奴隶主，中世纪封建主等等的历史必然性，因而了解他们的历史正当性，承认他们在一定限度的历史时期内是人类发展的杠杆；因而马克思也承认剥削，即占有他人劳动产品的暂时的历史正当性。”②马克思对历史事实进行分析，论证我们应该从“历史正当性”角度来理解剥削，而不是从价值层面即道义上看到剥削是不合理的。

从历史事实的发展来看，如果说剥削对社会生产力发展起着促进作用，这就表明，剥削的存在具有“历史正当性”。换言之，如果剥削方式是与每一个社会形态和制度的生产力相适应，那就证明这样的剥削具有其“历史的正当性”。恩格斯指出：“只有奴隶制才使农业和工业之间的更大规模的分工成为可能，从而使古代世界的繁荣，使希腊文化成为可能。没有奴隶制，就没有希腊国家，就没有希腊的艺术和科学；没有奴隶制，就没有罗马帝国，没有希腊文化和罗马帝国所奠定的基础，也就没有现代欧洲。我们永远不应该忘记，我们的全部经济、政治和智力的发展，是以奴隶制既成为必要、同样又得到公认这种状况为前提的。在这个意义上，我们有理由说：没有古代的奴隶制，就没有现代的社会主义。”③ 这同样也说

---

① ［德］马克思：《资本论》第 3 卷，人民出版社 2004 年版，第 927—928 页。
② 《马克思恩格斯全集》第 21 卷，人民出版社 1965 年版，第 557—558 页。
③ 《马克思恩格斯选集》第 3 卷，人民出版社 1995 年版，第 524 页。

明，"当一种生产方式处在自身发展的上升阶段的时候，甚至在和这种生产方式相适应的分配方式下吃了亏的那些人也会欢迎这种生产方式。大工业兴起时期的英国工人就是如此。不仅如此，当这种生产方式对于社会还是正常的时候，满意于这种分配的情绪，总的来说，会占支配的地位……只有在这个时候，这种越来越不平等的分配，才被认为是非正义的，只有在这个时候，人们才开始从已经过时的事实出发诉诸所谓永恒正义。这种诉诸道德和法的做法，在科学上丝毫不能把我们推向前进；道义上的愤怒，无论多么入情入理，经济科学总不能把它看作证据，而只能看作象征"①。这就是说，科学的分析胜于道德义愤，科学分析才是解决问题的有效方法和途径。

　　在马克思看来，我们要理解剥削的历史正当性，就必须把剥削与生产力关联起来，如果剥削不是促进反而是阻碍生产力发展，它就丧失了自身的"历史正当性"，因此，只能从劳动生产率的发展来判定剥削的"历史正当性"。换言之，我们不能从正义、公平等道德和法权观念层面来谴责资本主义社会的剥削。马克思指出："什么东西你们认为是公道的和公平的，这与问题毫无关系。问题在于在一定的生产制度下什么东西是必要的和不可避免的。"② 这就是说，马克思不主张以情感或者观念的方式判定社会公正，而是应该依据与一定生产方式相适应的观点对社会正义做出科学阐释。正因为如此，恩格斯做出了科学的论断："只有通过大工业所达到的生产力的大大提高，才有可能把劳动无例外地分配于一切社会成员，从而把每个人的劳动时间大大缩短，使一切人都有足够的自由时间来参加社会的理论的和实际的公共事务。因此，只是在现在，任何统治阶级和剥削阶级才成为多余的，而且成为社会发展的障碍；也只是在现在，统治阶级和剥削阶级，无论拥有多少'直接的暴力'，都将被无情地消灭。"③

　　综上所述，我们看到，科学的、理性的态度认识我国现阶段所

---

　　① 《马克思恩格斯选集》第 3 卷，人民出版社 1995 年版，第 491—492 页。
　　② 《马克思恩格斯全集》第 16 卷，人民出版社 1964 年版，第 146 页。
　　③ 《马克思恩格斯选集》第 3 卷，人民出版社 1995 年版，第 525—526 页。

存在的剥削，这对完善和发展社会主义社会具有重要意义。首先，我们认识到，不断地发展生产力，剥削将会由原来适应生产方式发展到不适应于生产方式，由原来剥削促进生产方式而符合历史正当性的情况到阻碍生产方式而丧失历史正当性的情况。这样，我们就能够科学解释社会主义初级阶段存在剥削的现象，也坚信社会主义必然将会消灭剥削。其次，我们不能使用正义、公平和法权观念来解释社会形态的"历史正当性"，因为这些情感和观念体现了人的主观性，即人的一种主观意愿和偏好。它不能作为衡量社会公正和正义的客观标准，只能依靠科学的方法，即生产关系一定适应于生产力的发展水平，以此作为判定社会正义的尺度。最后，人类历史发展的最终结果将是剥削的消灭，这意味着人的解放，从而人将获得自由和全面的发展。

第三章

马克思的公平正义思想

正义是政治哲学的核心问题，它构成良好社会制度的首要价值。在古典政治哲学中，探讨正义的经典著作是柏拉图的《理想国》，而在现代政治哲学中，富有拓展性研究的经典著作是罗尔斯的《正义论》。然而它们对正义探究的视域具有重大差别，这也标志古今之争，即古代文明及其生活方式与现代文明及其生活方式的大相径庭而产生论辩。古代文明基于事实与规范、应然与实然的统一，基于目的论构建起来的生活方式，使得人们生活在完全的道德化之中，人的差别不在于身体的高低，而在于灵魂的卑劣与高贵。其实，人的高贵在于灵魂的上升，这就使得共同体把着重点放在教化人的灵魂方面，从而使人变得更为高贵。从这个意义上讲，古代的公平正义基于人的灵魂品位高低，给予相适应的职业做适合自己的事情，只有这样才是正义的；否则，就是不正义的。自近代以来，事实与规范、应然与实然相互分离，人们不再追求灵魂品位的高低，而是把个人的道德作为私人之事，人们不再把人的善和恶视为共同体公共性的事务予以考量，个人只要做到自己行为不伤害别人或者不对他人造成伤害，个人只要不做违背法律的事情，一个人的心理是善的或者恶的无所谓，他仍然可以被视为一名合格的公民。这就是说，个人的行为根据自身的需要或者利害，权衡利弊，进行理性算计，选择对自己利益最大化的行为行事。这样，正义之事转化为给予每个人应该享有的权利。古今之争变得甚为激烈。而马克思从共产主义出发，对古代正义和现代正义问题予以回应，这为我们更好地理解正义奠定了基础。

一　古希腊政治共同体的正义观

Justice（正义），它的希腊文是 dikaion，是由 dike 而来，含义是诉讼法律；拉丁文的对应词是 justum，由 jussum 而来，含义是以被命令的。从词源上看，正义是由权威强制的、规定的做事情的方式，从它的起源来看，正义与公平交易和正当的行为相关。在法律上，正义是应该遵循的原则和规范的总和，因此法律体系也被称为正义的体系。在道德和政治哲学中，正义大体上相当于公平或平等，公正就是依据人们相应的差异来分别对待他们，正义是涉及个人之间及个人与社会之间关系的一种美德。① 在古希腊城邦时期，正义表明了城邦公民应该遵守城邦法律与规范，它关涉着个人与社会向善的美德。在古希腊早期，受神话的影响，人们认为正义源于神，由神的权威来规定，并决定人们行为的合法性。因此，在古希腊民族共同体里，每个共同体都有自己的神，共同体通过宗教祭祀活动，获得神的佑护，使神赋予每个共同体以存在的正当性。古代宗教祭祀仪式的举行往往会是在共同体所占据空间的中央进行，在祭祀时，祭祀神火会照亮整个共同体所占据的空间域，生活在这个空间域的共同体成员会得到神的观照，分享到神的喜悦，依据神赋予的规范和原则而生活。所以，他们的共同体的构成与组织结构安排都来自神的空间观。

古希腊早期因受神话的影响，人们在自发形成的共同体中，以神的空间正义观来处理人类事务。从《荷马史诗》中可知道，尘世的人是神的面具，人的所作所为恰恰是神所欲求的，人的活动是神的力量与品德展现。所以，人在共同体中所处的位置与所欲求的荣誉是由神所决定的。首先，正义与共同体存在的空间相联系，同时是一种权威与力量的分配与较量，这就构成一种带有很深神话烙印

① ［英］尼古拉斯·布宁、余纪元编著：《西方哲学英汉对照辞典》，王柯平等译，人民出版社 2001 年版，第 531 页。

的空间正义观。正义表现在人能够按照神的意志或权威行事,但这种以神话谱系空间观方法思考人类事务的观念,受到了智者学派的质疑。普罗泰戈拉提出"人是万物的尺度",以此来克服"神是万物的尺度"的观念。

智者学派在雅典城邦的活跃,使城邦的规则与秩序发生动摇。也就是说,如果说城邦早期的规则与秩序源于神话谱系空间正义,那么,智者学派对自然与约定问题的争论,对城邦自身的正当性的质疑,迫使当时的哲学家不得不对此问题进行深入的思考。为了挽救城邦危机,哲学家不得不对城邦本身的正当性与合法性进行反思,力图以一种新的空间观解释城邦的正当性与合法性,这主要表现在苏格拉底的哲学转向上。苏格拉底认识到了智者学派所提出的问题的尖锐性与对城邦道德的颠覆性,于是,他从自然哲学的研究转向政治哲学,即开始探究人类事务,以人的视域来说明人,人不再是神的面具,人是人自身。苏格拉底以自己的新神(理性)取代了传统诸神,同时以人的空间观作为思考人的事务的参照系,这样,正义的内涵发生了巨大的变化。苏格拉底时期的城邦政制的整体品质是正义,正义城邦就成为城邦共同体所欲求的。正义的城邦就是善的城邦。生活在城邦中的人们,由于有正义城邦理念的观照,人们会趋于完善,从而人不仅能实现人之为人的本质,而且能持守住人之为人的理念。亚里士多德说"人是政治的动物",这就意味着人必须生活在城邦中,否则人要么是神,要么是兽。只有生活在城邦,人才能使自身得以完善。

伯利克里时期,政治生活就已经成为城邦的重要的生活,演讲、辩论、诉讼等演绎成了人们的日常生活,而苏格拉底则以对话的形式,揭示了演讲与辩论造成人们思想混乱的事实。这就意味着对话不同于演讲、辩论和诉讼,它所呈现的是一种开放的空间,言说在话语的空间中,聚集了天、地、人、神(理性),使它们构成城邦的要素,而城邦正是在要素的组织有序中得以存在。所以,对话(逻各斯)对城邦来说是至关重要的。在柏拉图看来,对话不仅是正义理念展现的空间条件,而且体现了人们之间的政治关系。因为对话首先是在两个人之间或多数人之间进行,即便是几个人讨论，对话的基本结构仍然是对立双方；其次，对话排斥那种言不及义，以及无共同关怀的虚假讨论；最后，对话不是一般的闲谈，对话的形式生动活泼，对话的主题是与触及本原相关的。从上述可知，对话开辟了空间，它构成了人们交往活动的场所，在这个场所里，人们就形成了政治交往活动与其他活动，通过人们之间的交往对话活动，人才实现了人之为人的本质。可以说，人们在进入城邦对话中，通过回忆人的本原，以本原来观照人自身，促使人持守住人之为人的理念。这时，城邦就构成人生活的空间场所，它能使城邦的自然本性在回忆式对话的反思中再次呈现，以此守护城邦的本原——城邦空间的有秩序与规则。这就构成了人的内在世界秩序与和谐的外在条件，对于个人而言，构成了人之为人的德性（arete），并促使人自身与社会的有序与和谐。

城邦的空间正义是以几何学的思维方法思考与安排城邦人们的生活，把空间存在作为思考人类事务的方式，那么纯几何学则最能够体现城邦的空间正义性，因为几何学的均质性恰恰可以表现空间的正义，几何学结构就构成了建立理想城邦的理论根据。所以，柏拉图认为，由于每一个人的本性（arete）各不相同，每个人只有做适宜于自己本性的职业，这对于每个人来说是公正的，如果他所从事的职业不适宜于他的本性，这对他本人来说是不公正的。柏拉图主张人们应该从事适合自己本性的职业，唯有如此，才能体现真正的正义与公正。他反对僭越自己的德性，去从事不符合自己本性的职业的做法。在他看来，正义就是一种美德，个人由于有了这种美德，让自己内心的欲望、理性、激情和谐相处，使自身趋向善；城邦由于有了正义的美德，让城邦在四种美德（智慧、勇敢、节制、正义）的观照中走向正义城邦，即善的城邦。因此，对何谓正义的探究就甚为重要，它也是柏拉图之所以要建立理想国的缘由。基于这样的认识，我们才能理解为何柏拉图在《理想国》开篇就提出"什么是正义"的问题，通过苏格拉底对话的方式，在讨论"何谓正义"时，表明定义意味着不断追求目标，但是人永远是无法把握定义（正义）本身的，因为人是一个有限的存在者，人不会把握无限，也就意味着人不会有无限的整体知识，人所能把握的知识只能是对自己无知的知识，因为人不拥有智慧，只有神拥有智慧。所以，在苏格拉底与玻勒马霍斯父子的对话中，我们总找不到一种有关正义的确定的定义，其实他们根本没有给出正义的定义，他们也无法给出。后来在苏格拉底与格劳孔的对话中，将正义分为个人正义与城邦正义，从个人谈到城邦，又从城邦谈到个人，以对话或逻各斯为媒介，使得人在对城邦与个人的正义的相互诠释过程中，进一步把握正义为何物。

在《理想国》中，柏拉图认为"正义"是城邦的原则。城邦等级制自身的美德也是正义，这种正义按几何学方法是合比例的，柏拉图用神话说明人的本性的差异，把人分为金、银、铜、铁，同时又把城邦的职业根据人的本性分为统治者、武士和生产者。柏拉图的理想城邦的等级制的构想，体现了他按几何学对城邦的空间结构的表达，这种对结构的安排遵循的是一种比例关系，比例是几何学的特征，几何学就是关于比例的科学。城邦政治的比例关系就是行为与本性之间必然符合比例，也就是说，有怎样的本性，过怎样的生活，处于怎样的等级中。[①] 例如，享乐者从事物质资料的生产，这可以满足其对财货的欲求；护国者保卫国家，这可以满足其对荣誉的欲求；哲学家治国，这可以满足其作为启迪者与教育者的欲求。三者不得僭越其领域，如享乐者渴望获得政治权利，武士渴望发财，这种僭越将导致城邦失序，就是政治的非正义的发生。所以，正义意味着坚守自己的职责，僭越和越界都将受到惩罚，这是正义在希腊传统中的本义。[②] 柏拉图认为，作为等级制意味着各尽其性，各尽其性就是合比例，就是空间有序的体现，也就是正义，正义只有在这里才充分地显示了它在希腊政治哲学中的全部意蕴。

柏拉图根据对个人正义与城邦正义的分析，提出哲学家应当成为统治者，研究正义本身就是为了我们可以有一个样板，使国家达到正义，"除非哲学家成为我们这些国家的国王，或者我们目前称之为国王和统治者的那些人物，能严肃认真地追求智慧，使政治权

---

① 洪涛：《逻格斯与空间——古代希腊政治哲学研究》，上海人民出版社 1998 年版，第 256 页。

② 同上书，第 258 页。

利与聪明才智合而为一"①。研究哲学和政治艺术的事情就天然地属于爱智者的哲学家兼政治家。哲学家爱智慧就是爱智慧的全部，因为作为个人如果爱一样东西，就是爱这个东西的全部。在柏拉图看来，哲学家的天性和谐，不像智者那样缺乏一贯原则，以庸人的意见为"知"，以实力为必然性，将必然性称为正义。哲学家关注理念，区分实然与应然，应然才是善的。正因为如此，哲学家引导人们的灵魂发生转向，直接面向理念，对人的灵魂提示、呼唤和谕示，唤起人对本原的领悟及理念之美善在心灵中的闪现。所以，以哲学家为王，才能体现正义，使善的城邦成为现实。

空间学说是以神与理念为出发点的，空间理论强调的是人的任职、喜好和行为的统一。可是，随着契约论观点在希腊的出现，对空间学说构成威胁，它主张人的抽象个体性的绝对性，这意味着关于本原的假设丧失了意义，取而代之的便是人们相互依赖的网络，联合是人的需要，这样，以满足人的衣食住行的城邦被柏拉图称为"猪的城邦"，他的至上原则就是生存。"猪的城邦"意味着意义荒芜、人性缺失的社会，这种社会可能在物质上是极其丰富的。但是，作为"猪的城邦"从逻辑上说是城邦衰败的最后一站。衰败意味着与空间的疏离，柏拉图用时间来表征衰败发生的必然性，时间的运动意味着对空间的侵蚀。② 柏拉图在《理想国》第七、第八卷中考察城邦的衰败，他提出，以原型空间为标准，政体的演变体现"知识的理念"在城邦的不断丧失的过程，它们依次为：贤人政体、荣誉政体、寡头政体、民主政体、僭主政体。

柏拉图的求知兴趣在于"知"是展开"空间"的力量，亚里士多德则是出于对自然的无限好奇心，他渴望成为"全知者"。在苏格拉底那里，知识就是对自身无知的认识，所导向的就是开放性的对话，这种活动不能保证整体知识的获得，但它目的不是在于获得整体知识，而在于达到至善。亚里士多德以一个博学者的姿态出

---

① ［古希腊］柏拉图：《理想国》，郭斌和、张竹明译，商务印书馆1997年版，第215页。

② 洪涛：《逻格斯与空间——古代希腊政治哲学研究》，上海人民出版社1998年版，第260页。

现，他认为求知目的应该是为了知识而知识，所以，他研究了各种知识。这样，亚里士多德以求知生活取代柏拉图的理论生活，求知不再是伦理行为，而是为了纯粹的"知"。亚里士多德把知识分解为纯粹知识与实践知识，此时，苏格拉底的统一的"知识"概念被瓦解，而哲学变成如何认识运思规则和存在，政治学成了对现实政治的反映，伦理学成为私人生活道德的规范，修辞学成了说话和论证技巧。亚里士多德使理论家变成了学者，并且使得指导行为的观照成为一种静观，从而终结了希腊政治哲学。①

二　近代个人权利与正义

　　如果在亚里士多德那里还保留着古典政治哲学的正义论传统，那么，在马基雅维利那里，因为马基雅维利把政治哲学蜕变为政治术，从而彻底抛弃了古典政治哲学的正义观，作为古典政治哲学的核心概念空间正义就随之而终结。而现代政治哲学则拆离了哲学与政治的关系、政治与宗教的关系，改变了哲学与政治和宗教的关系，政治蜕变为一种工具性的活动，政治不再是一种生活方式，不再关切美好生活，正义不再是指示与铸造善的生活的理念。哲学的存在仅仅为政治纲领、方案做辩护，政治的伦理成分被抽空，政治的正确性成了问题。可以说，马基雅维利是通过对公民社会的反思，以极端方式取消了作为正义的参照点，即自然，这样，公民社会的正义也随之而去。

　　霍布斯接受了马基雅维利的观点，进一步认为人不仅是一种"自我确定"的存在，而且是一种"自我保存"的存在，他着力强调审慎和对目的的执着追求，认为组织得良好的世界就好像一条纪律：审慎的人自觉接受它，而不审慎的人在强制下也不得不接受它。霍布斯认为，以往政治哲学研究的最大弊病是政治哲学的目标

① 洪涛：《逻格斯与空间——古代希腊政治哲学研究》，上海人民出版社1998年版，第309页。

定得太高，之所以如此，就在于它把人类的政治活动建立在道德完善的基础上，政治成为达到道德目的的工具，政治的任务是完成人类的最高和最终抱负，即达到一个品德完善的社会和享受那种品德完善的生活。① 他强调工具理性知识，把道德从政治中驱逐出去，否定人天生是社会性和政治性的动物的古典政治哲学式的人性理解，从情感而不是理性中推导出自然法的原则和社会生活的规律。霍布斯认为，人的情感来自一种人对自然状态的不安全感，即恐惧，人的自然状态是一切人反对一切人的战争状态。因此，人们对和平的渴望、对死亡的恐惧以及对未来的希望，促使人们寻求一个社会共同生活的法规，即自然法。在霍布斯看来，自然状态的人人平等的事实，使得一切人反对一切人成了现实，人们因名与利而进行战争。所以，霍布斯认为，应该以科学知识和大众的启蒙为基础来确保实现公正的秩序。② 这样，霍布斯使得政治哲学的视野缩小。随后，洛克用激情取代理性支配世界，卢梭试图以公意来保证正义，康德与黑格尔的公正秩序的实现是热情的辩证法冲突的副产品，尼采的最终理想是偶然性统治的终结，其结果是政治哲学的伦理的认识意义的成分被抽空，产生了道德的自由放任和堕落，导致了现代性的危机。

　　综上所述，我们看到，近代以来，着力强调个人的权利意识，人人为了卑微的权利为自己立法，这样，个人从自身的内在自然准则出发，以此作为自身正义的参照点，形成了独特的正义观。这种正义观不具有客观性，强调个体之间的平等性，不仅没有消除个人之间的距离感，而且放纵了个人之间的自然不平等。与此同时，个人生活的政治共同体不再是个人目的，仅仅是手段，个人不再消融于政治共同体之中，而是通过政治解放消除了约束性，获得空前的自由，每个人不再追求高不可攀的德性生活，而是捍卫已经拥有的世俗生活。因此，以所有权为核心的世俗人权成为人们关注的焦

---

　　① 李小兵：《当代西方政治哲学主流》，中共中央党校出版社 2001 年版，第 15 页。
　　② ［美］列奥·施特劳斯、约瑟夫·克罗波西：《政治哲学史》，河北人民出版社 1998 年版，第 1054 页。

点。① 而自由、平等和私有制等成为衡量正义的标志。

当代，以罗尔斯为代表的占主流地位的自由主义的"权利政治"和以麦金太尔和桑德尔为代表的社群主义的"共同善的政治"在继续维护着政治哲学的两大传统。但不管怎样，政治哲学已龟缩成一种工具性的东西。而后现代主义提出取消标准、本质、主体，强调"差别"和"多元主义"的主张，陷入相对主义。这种相对主义表现在知识论上导致虚无主义，表现在政治观点上导致无政府主义。与此同时，现代性的三次浪潮的不断加剧，与古典政治哲学的理论取向决裂。② 卢梭、尼采、海德格尔的哲学思想扩展到政治领域，所带来的实践（政治）后果，迫使哲人们不得不重新进行审理与反思"哲学何为"的问题，反思"政治的正当性"问题，以便获得一种抵制现代性浪潮的有力武器。尼采与海德格尔回到了前苏格拉底，攻击形而上学，但他们仍基于某种信仰与形而上学的冲突，没有摆脱中世纪基督教哲学划定的思想领域，因此，海德格尔的哲学成了一种"信念"，不再探究何为美好生活。③

三　马克思的正义思想

罗伯特·塔克和艾伦·伍德等人在 20 世纪六七十年代提出了对马克思思想的重新阐释。伍德在 1972 年春发表的《马克思对正义的批判》的文章，就马克思是否批判资本主义为不正义的问题阐明观点：一是马克思并没有从正义的视角审视或批判资本主义社会，因此，不存在马克思批判资本主义为不正义的说法；二是马克思认为资本主义就其与它赖以产生的生产方式来说，它是正义的，即资本主义剥削是正义的；三是在马克思的视野中，共产主义社会是一

---

① 林进平：《马克思的"正义"解读》，社会科学文献出版社 2009 年版，第 31 页。
② ［美］施特劳斯：《现代性的三次浪潮》，载贺照田主编《西方现代性曲折与展开》，吉林人民出版社 2002 年版，第 87 页。
③ 刘小枫：《施特劳斯的"路标"》，载贺照田主编《西方现代性曲折与展开》，吉林人民出版社 2002 年版，第 79 页。

个超越正义的社会。就此而言，胡萨米在《马克思论分配正义》一文中提出相反的观点。伍德为回应胡萨米的问题，发表了《马克思论权利与正义——对胡萨米的回复》，重申了自己对正义的观点。由此学界展开了"马克思是否批判资本主义为不正义"问题的讨论。① 伍德指出，如果有马克思的正义概念的话，资本对工人的剥削也是正义的，因为资本主义生产中买卖的正义是满足并适合于资本主义的生产方式的，于是，人们把这样的观点称为"塔克—伍德"学派。

伍德在《马克思对正义的批判》一文中指出，在马克思的著作中，正义观念是从法权观点出发，对社会事实的合理性采取的最高表述。因为马克思认为，法权制度在社会生活中扮演次要角色；与以往大多数社会思想家的倾向不同，他觉得作为社会合理性尺度的法权概念并不那么重要。在马克思看来，法权观念在本质上是片面的，主要是法律形式作为单纯的形式，是不能决定这个内容本身的。这些形式只是表示这个内容，这个内容只要与生产方式相适应、相一致，就是正义的；只要与生产方式相矛盾，就是非正义的。② 因此，马克思是根据正义在特定生产方式中的功能来看待正义观念的。从这个意义上讲，政治国家以及法律和权利概念都取决于这种占支配地位的生产方式，并且是后者的异化性投射。这就是说，我们判断一个社会制度是正义的还是不正义的，这取决于对生产方式整体的具体理解，取决于对这个整体及其相关制度之间的关系的正确评价。③ 马克思在《资本论》中写道："生产当事人之间进行的交易的正义性在于：这些交易时从生产关系中作为自然结果产生出来的。这种经济交易作为当事人的意志行为，作为他们的共同意志的表示，作为可以由国家强加给立约双方的契约，表现在法律形式上，这些形式只是表示这个内容。"④ 这就意味着，一种交易

---

① 林进平：《马克思的"正义"解读》，社会科学文献出版社 2009 年版，第 41 页。
② ［德］马克思：《资本论》第 3 卷，人民出版社 2004 年版，第 379 页。
③ 李惠斌、李义天：《马克思与正义理论》，中国人民大学出版社 2010 年版，第 14 页。
④ ［德］马克思：《资本论》第 3 卷，人民出版社 2004 年版，第 379 页。

或者制度的正义与否，取决于这个特定制度以及它所构成的那个特定的生产方式，因此，正义的一切法权形式和原则，如果没有被应用于特定生产方式，便是毫无意义的，只有当它们的内容及其所应用的特定行为是自然地出自这种生产方式，并与这种生产方式具体地相适应，它们才能保持其衡量的有效性。①

伍德对马克思正义观的解读引起了胡萨米的质疑。胡萨米认为，伍德没有区分正义的根本属性，也就没有区分马克思自身具有的道德和资产阶级的道德观念。在胡萨米看来，当伍德说马克思并没有谴责资本主义在分配问题上的非正义性的时候，她就把马克思的道德观看作是从资本主义社会中产生并为当前社会做论证。也就是说，马克思的道德观念与当时资产阶级的道德观念是一致的，这样，从根本上不存在差异，也就不存在对资本主义正义与不正义的批判，这样的讨论，实际上是将马克思对客观对象的分析的结果等同于他本人的看法，这种认识是错误的。因为客观对象显现的事情不能直接等同于主体自身所拥有的观念。在胡萨米看来，伍德没有看到马克思在分配正义问题上的鲜明道德立场，指出如果资本主义的产生和分配方式是一种掠夺，这样的命题表达显示了一种价值判断，以此推演，可以确切地判定，马克思存在一个合乎正义的生产和价值规范。命题显示的语气告诉我们，只有通过某种方式或者手段，消除这样的掠夺现状，工人阶级才能过上真正的生活，而不是遭受被人掠夺的生活。可以说，胡萨米是从现实性的阶级利益出发对正义与非正义做出区分的。

布坎南从五个方面论说了马克思对正义观念的拒绝：一是对资本主义和所有阶级社会的最严厉的控诉之一，不在于它们是不正义的或它们侵犯了人的权利，而在于它们是建立在有缺陷的生产方式之上的，这种生产方式必然与正义和权利概念相联系；二是在这种必然依赖正义概念条件下，正义的要求不可能得到满足，因而那些追寻正义的努力也将不可避免导致失败；三是在共产主义代替资本

---

① 李惠斌、李义天：《马克思与正义理论》，中国人民大学出版社 2010 年版，第16页。

主义阶段的斗争中，权利或者正义概念不会起到主要的激发作用；四是在共产主义社会中，正义概念在建构社会关系中不会起到关键性的作用；五是作为本质上具有正义感和权利载体的人的概念，仍然是一个有严重缺陷的概念，只能存在于根本不健全的人类社会形式之中。

我们从塔克、伍德、布坎南等人对马克思正义观的探究之中，窥视到他们解读马克思正义视角的差异，产生了不同的正义观念，把自己所解读的和认可的作为马克思的正义看待，以此论证这样的正义是否存在，以及是否合理。也就是说，每一个人在论证说明马克思的正义思想之前，已经预设了一个先验的前提，以此说明这样的正义的正当性和合理性。比如伍德从特定生产方式出发，判定社会正义问题。布坎南更是强调马克思正义观适应的正义条件，即正义与一定条件和一定阶级的联系，从个体与社会关系，探究社会生活对社会正义的需要。米勒认为，马克思在不同场合批判道德化的观念和制度安排，在推翻资本主义过程中，以正义观念和道德愤怒来反对现实社会是行不通的。在杰拉斯看来，马克思是持有一种道德现实主义的思想理路，主张一切道德和权利与一定的社会发展阶段相联系，不能超越当时的经济社会发展结构。金里卡认为，马克思不仅对资本主义的剥削和压迫抱有激烈的道德批判，而且对未来社会的建构也是以新的正义标准规范个体行为和社会生活。而塞耶斯也否认马克思基于某种正义和道德观念批判资本主义并构想未来社会。[①] 他认为"马克思的方法不能被理解为建立在人类本质观念上的功利主义的自然主义形式，也不能被解释为基于康德主义式的正义和权利标准。马克思的批判方法并不依赖于超越性的价值，它是内在的和历史性的。它在现实存在的社会条件内为批判视角寻找基础"[②]。这就是说，塞耶斯是从历史的和社会的视角来理解马克思的正义与道德概念的。

---

① 卞绍斌:《马克思的"社会"概念》，山东人民出版社 2010 年版，第 255 页。

② Sean Sayer, *Marxism and Morality*, http://www. kent. ac. uk/secl/philosophy/staff/sayers/marxismandmorality. pdf.

　　其实，从马克思的思想发展来看，马克思并不是拒斥正义观念，也不是一味接受或者认可流行的正义观念，而是从现实的物质生产活动出发，基于现实的个人建构起社会关系，思考个人与社会的关系时，正义成为不可或缺的要素。从马克思早期的博士论文中，我们看出，马克思受黑格尔影响，把正义的基础奠定于自我意识之上。在莱茵报时期，马克思批判普鲁士书报检查制度，从法之正义思考人性、自由和平等问题。之后马克思在《德法年鉴》中刊发的《论犹太人问题》展开了对自由主义正义观的批判，指出自由主义正义观是建立在市民社会和政治国家相互分离基础上的，这使得自由主义正义观不可避免地具有历史局限性。因为市民社会与政治国家分离的政治解放是基于市民社会与政治国家相互划界的基础上的，是以个体与类的分离作为前提的。这就导致了人的深层次分裂。因为自由主义正义是建立在人的异化和私有财产的基础上，自由和平等这些观念虽然试图实现社会的人道化，但由于这些法权观念是建立在人的异化和私有财产之上，决定了这些观念所包含的人道精神难以实现，这样，自由主义所倡导的人至多是公民或者异化了的市民，而不可能是真正的人。① 因此，马克思在《1844 年经济学哲学手稿》中，对资本主义社会人的异化问题，展开了深入的批判，他认为，在私有财产的状态下，劳动表现为工人失去现实性，对象表现为对象的丧失和被对象奴役，占有表现为异化、外化。劳动者在自己的劳动中不能肯定自己，而是否定自己，这是"人与人的异化"，是资本家与工人的对立。因此，马克思认为对作为人的自我异化的私有财产的积极扬弃，是一切异化的积极扬弃，而共产主义正是这种积极扬弃的历史形式。

　　马克思为了克服异化劳动理论本身所具有的缺陷，就走向了对18 世纪法国唯物主义与社会主义的研究，通过对 18 世纪唯物主义学说的研究，他对自然、物质利益在人类生活中的作用形成了新的看法："这是自然的必然性、人的特性、利益把市民社会的成员彼此连接起来，它们之间的现实联系不是政治生活，而是市民生活，

① 林进平：《马克思的"正义"解读》，社会科学文献出版社 2009 年版，第41 页。

因此……他们不是神类的利己主义者，而是利己主义的人。"① 马克思对人的理解的转化，使他试图从法国唯物主义传统出发，对共产主义提出更具现实性的论证。马克思认为："共产主义必要性和不可避免性在于：既然人是从感性世界和感性世界中的经验中汲取自己的一切知识、感觉等等……既然正确的利益是整个道德的基础，那就必须是个别人的私人利益符合于全人类的利益……"② 如果说马克思在《1844 年经济学哲学手稿》中对人的理解是费尔巴哈式的抽象的总体性、理想性的类本质，在《神圣家族》中则转化为利己主义的人，在《德意志意识形态》中，马克思意识到人并不是像有些哲学家所说的是以理性、政治生活或语言能力为本质的，首先是活的有机体，他需要吃、穿、住、行等，为此不得不寻求与生产自己需要的物品，因而，物质生产劳动就成为人的首要活动，这样，马克思走向了"现实的个人"。马克思从现实的人出发，用生产力与交往形式之间的相互中介理论即分工理论，完全现实地、合理地说明了人类社会发展的矛盾性，为劳动异化理论提供了一个现实的基础，用分工理论中介了劳动异化理论，把异化最终归因于生产力的状况。马克思认为，共产主义就是要解决人的有目的的活动与历史过程的客观必然性的对立、思维与存在的对立、自由与必然的对立，实现以每个人的全面而自由的发展为基本原则的社会形式。③ 这种社会形式使人完全摆脱了枷锁，使人成为自由的现实的存在者。

　　马克思认为，在共产主义社会中，阶级本身消灭，国家、宗教也随之而消亡，这都是通过人类的解放事业来完成的。而彻底地革命、全人类的解放并不是乌托邦式的空想，只有部分的纯政治的革命，毫不触犯大厦支柱的革命，才是乌托邦式的空想。④ 而这种纯政治革命，是建立在市民社会的基础上的，如果不是它的直接地

---

　　①　《马克思恩格斯全集》第 2 卷，人民出版社 1957 年版，第 154 页。

　　②　同上书，第 166 页。

　　③　陈晏清、王南湜、李淑梅：《马克思主义哲学高级教程》，南开大学出版社 2001 年版，第 76 页。

　　④　《马克思恩格斯全集》第 1 卷，人民出版社 1965 年版，第 463 页。

位、物质需要、自己的锁链强迫它，它一直不会感到普遍解放的需要和自己现实普遍解放的能力。马克思认为，无产阶级只有把哲学当作自己的精神武器，同样，哲学才能把无产阶级当作自己的物质武器。哲学不消灭无产阶级，就不能成为现实；无产阶级不把哲学变成现实，就不可能消灭自己。① 无产阶级在革命中失去的只是锁链，而获得的将是整个世界。马克思暗示要以人类普遍兄弟关系的美好生活方式来取代所有市民社会及其替代物的那种"合理的"、"正当的"生活方式，以便终结那种市民社会的基础和以自私利益为生活原则的制度，实现在形式上与实质上统一的自由的社会，即共产主义社会。这样，共产主义社会取消了平等权利和公平分配的正义诉求，并且，社会生产的高度发展和生活水平的提高也消除了分配正义存在的基础，从这个意义上讲，超越"正义"的美好生活才成为可能。就此而言，布坎南指出，马克思不仅拒绝指认共产主义是一个正义社会，而且也将取消分配正义存在的环境，在此基础上，马克思指出正义与权利是陈腐的语言垃圾和意识形态的幻想。②

马克思指出，无产阶级与历史上的其他阶级不同，它不是要取代压迫者，而是要消灭压迫与剥削本身。实现这一目的的手段是废除生产资料的私人占有制，从而消灭占有与非占有者之间的差别，即社会赖以分裂为阶级的前提。阶级的消灭必然导致阶级斗争的结束和真正人的社会的开始。换言之，马克思政治哲学之所以能超越于古典政治哲学与现代政治哲学，就在于他给人们提出：美好生活应该建立在对现实的人的生存条件分析之上，而不是建立在对改变不合理的现存条件的必然性的揭示之上。马克思认为，他的政治哲学的基础与前提是新型人类的产生和人类的再生，而实现这一再生的工具就是正确的理解的合理的经济，这种新型经济的确立，通过

---

① 《马克思恩格斯全集》第 1 卷，人民出版社 1965 年版，第 467 页。
② 李惠斌、李义天：《马克思与正义理论》，中国人民大学出版社 2010 年版，第 29 页。

超越以交换为目的的生产将造就充分完善的人性。① 马克思认为，一旦造就出新型的人类，所有陈旧的力量范畴都将葬送于历史的逻辑面前，人们就会生活于没有压迫和没有神秘的社会。

马克思提出了西方现有经济制度、政治生活、哲学和宗教的灭亡的论断，这是对西方资本主义社会的深刻的批判与剖析，同时，揭示了政治、哲学和宗教在资本主义社会所扮演的意识形态的角色、虚假意识的角色。马克思以人类的解放作为自己对价值的终极追求，展现了他的政治哲学的最终旨趣。马克思认为，人的内在本质的充分发挥，在资本主义社会里表现为完全的空虚、普遍的物化和全面的异化，"一切既定的片面目的的废除，则表现为了某种纯粹外在的目的而牺牲自己的目的本身"②。因此，马克思指出："古代的观点和现代的观点相比，就显得崇高得多……在现代世界，生产表现为人的目的，而财富表现为生产的目的。""古代世界提供了从局限的观点来看的满足，而现代则是不给予满足；凡是现代以自我满足而出现的地方，它就是鄙俗的。"③ 马克思对资产阶级的虚假性予以揭露和批判。在马克思看来，古代的观点之所以比现代的观点崇高得多，是在于古代人有实质性内涵，不存在异化状态，而现代人则相反。于是，一方面，马克思继承古代的关于自由与平等的实质内涵，以人为目的，最终达到人的完善的同时，继承了现代政治哲学中所倡导的普遍的自由与平等。另一方面，马克思对古典政治哲学和现代政治哲学所存在的缺陷的克服与发展，是建立在对人的理解基于历史和实践的物质生产活动上。因而，他把全人类的前途和命运作为思考问题的出发点，认为只有消灭资本主义的现存社会，使人类获得解放，才能实现美好生活，从这个意义上讲，人类解放理论在马克思政治哲学中占据中心地位。

---

① ［美］列奥·施特劳斯、约瑟夫·克罗波西：《政治哲学史》，河北人民出版社1998年版，第950页。
② 《马克思恩格斯全集》第46卷，人民出版社1956年版，第486页。
③ 同上书，第487页。

第四章

马克思主义经济与可持续发展思想

经济与可持续发展问题是一个历久弥新而又令人激动的话题。人类对可持续性问题的思考可以追溯至几千年以前。2500 年前，柏拉图在《克里底亚篇》中分析了古希腊、瑞典一带的盖满绿林的山脉变成今日常见的褐色枯山的原因，认为这主要是森林和草地被破坏的结果。中国古代的先民把人与自然和谐相处作为人生追求的理想境界。约公元前 6 世纪中叶问世的中国古代典籍《论语》中，记载了孔子和他的弟子的一段讨论社会事物的对话清楚地表达了这一思想。当孔子让其弟子曾皙"言其志"时，曾皙说："莫春者，春服既成，冠者五六人，童子六七人，浴乎沂，风乎舞雩，咏而归。"夫子喟然叹曰："吾与点也。"曾皙的意思是说："暮春三月，春天衣服都穿定了，我陪同五六位成年人、六七个小孩，在沂水旁边洗洗澡，在舞雩台上吹吹风，一路唱歌，一路走回来。"孔子欣赏与感慨地表示，他赞同这个想法。① 儒家思想创始人孔子与学生的对话不仅展现出的一幅风和日丽、春意盎然的春游图，而且蕴含着深刻的人与自然和谐的可持续性思想。晚于孔子数个世纪、被马克思称为"古代最伟大的思想家"的亚里士多德，曾经也提出了"合乎自然"与"反乎自然"两个概念表达其敬畏自然、顺应自然变化的可持续性的理念。

但是，在可持续发展问题上，当今人类社会面临着一系列必须正视、不容回避的重大挑战，这些挑战已发展成全球性的甚至直接

---

① 杨伯峻：《论语译注》，中华书局 1980 年版，第 119 页。

威胁人类生存的社会问题。①

　　首先，地球环境处于不断恶化之中，气候变化特别是空气污染严重威胁着人类。第一，空气污染严重。目前全世界的工厂和电厂每年排放二氧化碳 200 多亿吨。自工业革命以来，空气中的二氧化碳含量增加了 25%。严重的空气污染使人类的生存直接受到威胁，目前由之造成的全球气候变暖已然成为可以触摸的事实，异常的气候造成的灾难在全世界范围内明显增加，地球上环境问题越来越严重，环境恶化现象屡见不鲜。由于煤烟尘污染、汽车尾气和工业废气污染造成的城市烟雾，地球上时而发生的酸雨，全球变暖，臭氧层被破坏，城市热岛效应，矿山公害，废气污染，废水污染，废渣污染，水土流失，矿震，油轮泄漏对海洋的污染，核事故与核废料污染，废电池污染，电磁辐射，河流自然生态变化，生物多样性下降，水资源缺失，垃圾处理，还有噪声、污水治理等一系列问题，都摆在人类面前有待解决。根据世界银行数据，从二氧化碳排放总量来看，中国于 2005 年超过美国，已连续多年位居世界第一，其中，2009 年，中国、美国、日本、德国和印度的二氧化碳排放总量分别为 76.87 亿吨、52.99 亿吨、11.01 亿吨、7.35 亿吨、19.79 亿吨，中国二氧化碳排放总量分别是美国、日本、德国和印度的 1.5 倍、7.0 倍、10.5 倍和 3.9 倍；从碳生产率（每生产一单位 GDP 所排放二氧化碳的总量）来看，2009 年，中国、美国、日本、德国和印度的碳生产率分别为 0.84 千克/每美元 GDP、0.38 千克/每美元 GDP、0.26 千克/每美元 GDP、0.24 千克/每美元 GDP 和 0.52 千克/每美元 GDP，中国碳生产率分别是美国、日本、德国和印度的 2.2 倍、3.2 倍、3.5 倍和 1.6 倍。中国的可持续发展正在面临着巨大的国际压力。第二，臭氧层变薄。臭氧层可以过滤紫外线，是生命在地球上得以生存的保护屏障，现在人类活动释放的污染物质中由电冰箱、空调、喷雾器和某些工业过程排放的氟氯烃类物质，导致臭氧层遭到极大的破坏。现在开发氟氯烃替代物虽然取

───────────

　　① 根据韩启德总主编《十万个为什么》（第 6 版）、《能源与环境》与孙正聿《马克思主义基础理论研究》整理。

得了一定的进展，但臭氧空洞继续在扩大，保护臭氧层的问题依然没有得到很好的解决。第三，北冰洋冰层正在变薄和融化。北极熊过去靠打个冰洞就能抓鱼捕食，但冰层融化，不能打洞，于是就发生了大熊吃小熊的惨剧。格陵兰岛上覆盖的冰也正在融化，有人算过，这些冰如果都融化的话，海平面将上升 7 米，现在是陆地的许多地方将被淹没。地球多处冰川也在逐渐融化，人类的淡水来源也将受到威胁，地球家园的能源和环境问题日益突出。

其次，世界性资源危机，传统以化石资源利用为主的生产方式受到巨大挑战。由于人口的膨胀和工农业生产的迅速发展，用水量持续上升，但原有的水源又被污染了很多，终于导致世界上60%的地区面临淡水不足的困境，其中 40 多个国家的水源严重匮乏。而且，由于石油、垃圾和其他各种有毒物质向海洋的倾倒，海洋受到严重污染，致使海洋生物直接受到危害，水生有机体、鱼类和其他微生物大量死亡已到了令人触目惊心的程度。另外，有人做过估算，按照已查明的化石能源储量和人类目前利用的速度，全球石油还可以用 45 年左右，煤可以用 216 年左右，天然气可以用 61 年左右，铀可以用 71 年左右。在中国，这些资源的可利用年数还要更少一些。2012 年我国经济总量约占全球的 11.5%，却消耗了全球 21.3% 的能源、45% 的钢、43% 的铜、54% 的水泥；原油、铁矿石对外依存度分别达到 56.4% 和 66.5%，排放的二氧化硫、氮氧化物总量已居世界第一。根据世界银行数据，2011 年，中国、美国、日本、德国和印度的能源消耗强度分别为 231.9 千克标准油/1000 美元（用 PPP 方法测算）、149.2 千克标准油/1000 美元、105.8 千克标准油/1000 美元、93.2 千克标准油/1000 美元和125.3 千克标准油/1000 美元，中国能耗强度分别是美国、日本、德国和印度的 1.6 倍、2.2 倍、2.5 倍和 1.9 倍。我国传统以化石能源为主的经济增长方式和较低资源利用效率面临严峻的挑战和巨大的压力。

传统化石能源的使用会产生二氧化碳，二氧化碳气体笼罩地球使热量不易辐射出去，改变对辐射的"收支平衡"。专家分析，这是造成全球气候变化的一个原因。此外，传统能源的使用，如果没有有效的措施，会直接对环境造成影响。据测算，大气中 70% 的二氧化碳和烟尘来自燃煤，煤炭开发利用过程中产生的大量的腐蚀性水、煤泥、灰渣和尘垢等，已构成对工农业生产和生态环境的危害。另外，目前全球有 20 亿人仍无法享受正常的能源供应，发展中国家的农村主要依靠燃烧秸秆、柴草等提供生活用能，这不仅造成严重的环境污染，危害人体健康，还威胁生态环境。

最后，森林惨遭毁灭，物种急剧减少，人类经济活动对地球的影响已近临界值。森林曾是人类的摇篮，没有森林便没有人类，但它现在正惨遭踩躏。据联合国粮农组织的统计数字，地球上每分钟便有 2000 多平方米的森林被毁。1950 年以来，全世界的森林已损失了一半，预计到 2020 年森林面积将下降 0.18 亿平方公里。森林是自然生态系统有机质的最大的生产者和蓄积者，是生态资源库和绿色蓄水池。森林的惨遭破坏导致大量水土流失、洪水泛滥、土地沙漠化和物种退化，后果分外严重。比如，现在全世界已经沙漠化和受其影响的地区高达 3843 万公顷，而且每年都在以 100 万—150 万公顷的速度递增。另外，据统计，全世界处于灭绝边缘和受到严重威胁的哺乳动物有 400 多种，鸟类近 500 种，鱼类 200 多种。而现在几乎平均每天就会有一个物种在地球上消失，在未来的三四十年中，预计会有 6000 多种植物将在地球上消失。世界自然基金会（WWF）有关生态足迹的研究表明，地球生态能力从 20 世纪 70 年代就已经出现透支，到 2008 年地球生态足迹超过地球生物供给能力已高达 50%。瑞典学者罗克斯特仑等 2009 年发表在《自然》杂志上的研究成果《人类的安全操作空间》被广泛引用，更是证明了人类经济增长面临着 10 种地球边界，其中气候变化、生物多样性流失、磷和氮产生等三种边界已经透支或超越。

显然，以上严峻问题迫使我们深入思考并给出一个较为合理的回答：人类孜孜以求的可持续发展为何难以真正实现？特别是工业革命以来，伴随世界各国经济快速增长和科技水平的迅猛发展，为何人类赖以生存的资源、生态与环境日益恶化？面对这些挑战，国内外理论界和社会各界做出了怎样的回答？特别是为发达国家服务的西方主流经济学为何漠视可持续发展问题？作为人类文明的最伟大思想，马克思主义发展观如何言说可持续发展问题？其可持续发展思想的理论与实践维度如何定位？作为马克思主义可持续发展思想中国化的最新理论成果，中国特色的可持续发展理论体系构建如何展开？本研究将对以上相关问题进行系统、深入的反思和研究。

以上反思和研究的心理历程，或许可以中国电影导演冯小刚2014年贺岁片《私人定制》中的一段台词来描述：

> 阳光，我是来向你道歉的，虽然我们之间隔着厚厚的霾，但我还是想对你说，你是公平的，是我们犯了错，让自己陷进了深深的混沌里。我该怎么向你道歉，才能让我们回到童年的记忆中：天空是湛蓝的，空气是清新的，阳光是明媚的……我知道你会说，你们太贪婪了……

一   可持续发展概念的多维界定

（一）生态学定义

生态学家的可持续定义侧重于生态系统的自然生物学过程、生产力与生态功能的连续性。生态的长期可持续性要求保护基因资源和生物多样性，《世界保护战略》的可持续发展生态学定义为：维护基本的生态过程和生命支持系统；保护基因多样性和物种与生态系统的可持续利用。农业、森林、海岸与淡水系统是人类最重要的生命支持系统，面临着最大威胁。强调生态可持续极端重要性的学者认为，整个自然资产都不能利用，即使这种利用方式可持续。这种极端思想与生态伦理学的某些流派有着联系。

（二）环境学定义

环境学家把可持续性定义为人类直接或间接依赖的生态服务的可持续性。此类服务包括食物和其他原料的供给，用于支持农业生产的生态服务包括土壤的水理学规律、生产和保护，以及气候规律。环境可持续性可用不同的方式定义。严格的说法是，自然生态系统向其他选择使用的任何转变都是不可持续的。例如，林地向农业用地的转变，因为在该转变中，生态系统及其服务都已丧失。然而，该定义甚至受到了强可持续性的支持者的批判，他们认为该定义过于苛刻。尽管显然是以人类为中心，但也许对思考环境可持续性更有用的另一种方式是，确认某些生态系统的服务对人类而言并不重要，同时，使某些生态系统退化的经济发展也可能是可持续的。但是，环境可持续性规定，针对对人类很重要的生态系统和生态系统服务的保护要达到最低安全标准水平。在局部范围内，如果维持支持农业的生态系统服务的话，森林向农业用地的转变可能是具有经济和环境可持续性的。然而，如果不能维持此类服务，如果由于土壤侵蚀使得某地区过多的生态系统退化，那么向农业用地的转变可能就具有经济和环境不可持续性。在全球范围内，环境可持续性包括维持全球生态系统的生态稳定性，如限制温室气体排放以使气候不会发生灾难性变化。[①]

（三）热力学学派定义

热力学学派定义又称为极强可持续（VSS）或稳态可持续（SSS）定义，该学派强调人类活动规模对全球容纳能力的规模效应，认为温室效应、臭氧层耗损和酸雨都是我们已经越过宏观经济合理规模"警戒线"的有力证据。VSS定义稳态经济为可持续发展模式。稳态经济指零经济增长和零人口增长，由此可保证宏观经济规模的零增长。对此，VSS与环境学派的定义相接近。

（四）社会学定义

社会学定义强调在存在环境种族主义和自然资源利用决策中的利益集团及收入分配不平等条件下，人类社会是否可持续。社会学家还更广泛地关心文化、制度、传统技能等因素的可持续性，认为

---

① ［美］阿尼尔·马康德雅主编：《环境经济学辞典》，朱启贵译，上海财经大学出版社2006年版，第126页。

收入分配不平等和贫富不均是导致社会经济不可持续的主要原因。也有人把社会可持续界定为维持理想的社会价值、传统、制度、文化或其他社会要素的能力。

（五）主流经济学定义

从本研究视域看，关注主流经济学对"可持续发展"的定义是非常必要的。主流经济学主要指新古典经济学。主流经济学对可持续发展的理解是人均收入不下降，在一定条件下，这一要求等价于资本存量 K 不下降。K 由人造资本 K_{α}、自然资本 K_{σ}（自然资源与环境功能等）和人力资本 K_{δ} 构成，即有等式 $K = K_{\alpha} + K_{\sigma} + K_{\delta}$。也就是说，主流经济学的可持续性诠释是上述等式的导数大于零。若通过经济发展造成一定物种灭绝、某些环境功能的丧失和某类资源的耗竭，则 K 的导数小于 0。但若 K_{α} 和 K_{σ} 增加得足够多，使得 K 仍不下降，那么可持续仍然可以保证，即主流经济学对可持续发展的理解中允许自然环境和生态要素功能在某种程度上受到破坏。显然，以上可持续的定义式中无疑隐含了人造资本、自然资本和人力资本三者之间存在着完全可替代性，认为某些生态要素的破坏如物种灭绝并不一定会损害人类未来福祉，因为其他生态要素和资本、人力资本可以替代它们的功能。用经济增长学派的代表人物索洛的话说，一种鱼灭绝了还可吃另一种鱼。主流经济学家分析可持续发展时主要强调资源最优配置，环境污染等不可持续问题不成为考虑重点，主要由于某些环境经济经验模型还未能有效纳入新古典传统分析框架，且环境污染不能由市场解决，是外部性问题。主流经济学对可持续要求的条件很弱，故主流经济学家对可持续的定义被称为极弱可持续或索洛可持续。

（六）非主流经济学定义

20 世纪 70 年代，当新自由主义和新古典综合学派上升为主流学派的时候，各种"非主流"新经济学也如雨后春笋般出现。其中，影响力越来越大的是以经济增长与环境、资源和生态之间矛盾为研究对象的各种经济学流派，如环境经济学、资源经济学、产业生态学、生态经济学、国际生态经济学、可持续发展经济学、演化经济学，等等。循环经济的研究也融合在这些理论之中。与环境经济学和资源经济学有所不同，生态经济学派一直没有被主流经济学派所承认。生态经济学家强调热力学系统演化规律、生态系统结构中各种资源的互补功能及多样性在生态系统恢复力中的重要作用都限制了替代范围，而极弱可持续定义中的技术假定完全可替代性完全被放弃。生态经济学对可持续发展的定义为：在对某些关键要素以实物量形式保护的约束下，使总资本价值在经济发展过程中保持不变。此定义称为弱可持续或修正的索洛可持续定义。

各种视角的可持续定义及对经济增长的态度与政策主张见表4—1。

表4—1　各种视角的可持续性的界定及其对经济增长的态度与政策主张

可持续性的层次与内涵		对经济增长的态度		政策主张
极弱可续持性	人造资本、自然资本、人力资本和社会资本之间是完全可替代的，可持续性要求这四种资本的总和不减少	彻底支持者	经济增长和环境质量间存在着正相关关系。经济增长可以刺激有利于环境的技术进步；而且，环境质量是一种奢侈品，经济增长可改变人们的生活模式，使人们对环境质量的有效需求增加，它对环境质量的改善是有利的	促进经济增长，保证自由市场机制的正常运转
弱的持续性	人造资本、自然资本、人力资本和社会资本之间在很大程度上是可替代的，但每种资本的消耗都有一个最低的限度，可持续性要求任何类型的资本的结构不变	有条件支持者	尽管产出增长会对环境质量造成潜在的威胁，但经济增长可为环境保护提供资金，经济增长还是环境治理政策实施的前提，经济增长和环境质量是正相关关系	在促进经济增长的同时，鼓励环境治理政策的实施

续表

可持续性的层次与内涵		对经济增长的态度		政策主张
强可持续性	自然资本与其他资本之间不是替代的关系而是互补的关系，可持续性要求保持资本的结构不变	温和反对者	经济增长尽管带来物质产出的增加，但它对环境质量是有害的，环境政策虽有助于减缓环境退化，但环境政策的作用是有限的	采用降低污染密集型产业增长速度的环境治理政策
极强可持续性	同种类型的资本虽可替代，但替代性不强，可持续性要求不耗损任何不可再生的资源，只使用可再生资源的净产出部分	激烈反对者	经济增长带来物质产出的增加，从长期看，经济增长对环境是有害的，环境政策的实施对环境质量有暂时的正面作用，但如果不停止增长，环境质量不会有根本性的好转	降低经济增长速度甚至停止经济增长

二 可持续发展理论回顾及对西方主流经济学的批判与反思

（一）可持续发展理念的渊源及形成

从"可持续发展"一词的字面解析，它是由"可持续"与"发展"这两个关键词构成。《牛津高阶英汉双解辞典》把"可持续"（sustainable）界定为"可以维持、可以支撑的"；而"sustain"一词有各种不同语境的定义："承受住重量，支承，支撑；维持某人某物的生命或存在；使声音、努力等持续下去，保持。"该动词的词源来自法语动词"souteinir"，意指"继续下去、支撑下去和支撑、支持"。"可持续"这一概念的使用最早可追溯至 20 世纪初的生态学领域，用于表达可持续收获、最大可持续收获等意思。当时的生态学家发现，很多生态学规律可以用统一的数学模型描述，这些可统一描述的生态规律包括陆地动物、鱼类、耕地、牧地等可再生资源和环境的变化规律，只要耕作过程不破坏耕地肥力，耕地在一定耕作时间后适当休整且不发生大的自然灾害，则其肥力可再生复原；但若耕作时间过长，肥力就会下降；如果过度耕作时间足够长，耕地肥力甚至可能完全丧失。受到污染的水和大气也具有一定的再生能力，但这种可再生能力以一定阈值下的污染排放为前提条件。如果一定时期内排放的污染物超过阈值水平，则其再生过程可能十分漫长，甚至完全丧失功能，造成灾难性后果。这种生态学现象启发人们类比社会经济系统，遂产生了可持续性思想及理念主张。

可持续性思想由生态学界率先提出以来，引发了社会各界以及国际组织的广泛持续的关注和研究。国际著名环境经济学家阿尼尔·马康德雅主编的《环境经济学辞典》认为，术语"可持续"意味着不应该随时间推移而耗尽产生人类福利的资本储备。我们可以按照为人类福利做出贡献的许多不同种类资本储备来分析可持续性。其中的一些资本储备包括：人造资本储备，它与自然资源和人力资本一起被用于提供消费品和服务；社会资本储备，它对福利做出直接贡献；自然资本储备，它既提供自然资源流量作为生产投入，又提供全人类和其他动物所依赖的生态生命支持功能。因此，"可持续性"的广义定义是产生人类福利的经济、社会和环境系统随着时间的推移被维持在人类福利至少不随时间变化的程度。可持续性按照其强度的不同，主要分为"弱可持续性"和"强可持续性"两大类。一般而言，"弱可持续性"规则要求至少维持总资本储备或者人均资本储备的价值。"强可持续性"规则则要求凭本身的权利维持每一种资本。[①]

就经济可持续性而言，可被定义为这样一种状况：产生经济体福利流量的资本存量不随时间的推移而耗减。经济可持续性分析中通常考虑的资本存量的不同类别是：人造资本、环境或自然资本、人力资本和社会资本。经济可持续性的两个主要类别是弱可持续性——它要求总资本存量的累积价值不能减少；强可持续性——它要求所有不同类的资本存量都应该维持在自身权利内，至少高于最

---

① ［美］阿尼尔·马康德雅主编：《环境经济学辞典》，朱启贵译，上海财经大学出版社 2006 年版，第 246—247 页。

低安全标准（SMS）水平。[①]

人类对"发展"或"可持续发展"的理解经历了一个不断变化和演进的历史过程。在1945年以前，"发展"的历史主要是以"现代化"、"西方化"或"工业化"的显示为其政策目标；20世纪五六十年代的流行的解释是，"经济发展的最终目标就是提高全体人民的国民福利"，解释为"经济发展问题实质上就是通过增加人均产出来提高国民收入水平，使每一个人都能消费得更多"；或者更精确地说"'经济发展'可以定义为物质福利持续而长期的改善，反映出产品和劳务流量的增加"，或是更多地从技术上看"经济发展定义为这种过程——从人均收入增长率很低或负的经济转变为人均收入持续增长为长期特点的经济"。在很长的一段历史时期内，经济发展实际上等同于经济增长。[②] 以上各种解释和今天严格意义上的"经济增长"的定义别无二致。譬如西方经济学权威、著名经济学家萨缪尔森为经济增长给出的经典定义是："代表的是一国潜在的GDP或国民产出的增加。也可以说，当一国生产可能性边界（PPF）向外移动时，就实现了经济增长。"[③]

到了20世纪60年代，人们开始有意识地区分"增长"与"发展"这两个概念，经济增长与发展的讨论主题也开始"从物质转向人力资本，基本问题不再认为是创造财富，而是创造财富的能力"[④]。1965年在联合国供职的著名发展经济学家汉斯·辛格在一篇标题为《社会发展：最主要的增长部门》的文章中呼吁人们更加重视生活发展的各个方面——健康、教育、营养。他认为，"不发达国家存在的问题不仅仅是增长问题，还有发展问题。发展是增长加变化，而变化不单表现在经济上，而且还在社会和文化上，不单

---

① ［美］阿尼尔·马康德雅主编：《环境经济学辞典》，朱启贵译，上海财经大学出版社2006年版，第106页。

② ［澳］海因茨·沃尔夫冈·阿恩特：《经济发展思想史》，商务印书馆1999年版，第57页。

③ ［美］保罗·萨缪尔森：《经济学》（第19版）下册，商务印书馆2012年版，第857页。

④ ［澳］海因茨·沃尔夫冈·阿恩特：《经济发展思想史》，商务印书馆1999年版，第68页。

在数量上，而且还在质量上……其主要概念必定是人民生活质量的改善"①。辛格以及后来经济学家关于增长与发展关系的观点已被广为接受。

　　进入 20 世纪七八十年代，由于人口膨胀、资源耗竭和环境污染问题越来越严重，国际社会对可持续发展问题表现出愈加浓厚的兴趣。这一时期发展观转变的重要标志是，1987 年挪威首相布伦特兰夫人领导的联合国世界环境与发展委员会发表题为"我们共同的未来"的研究报告，史称"布伦特兰报告"。该报告在文件中首次使用了"可持续发展"，英文表述为 Sustainable Development，并将其定义为"在不牺牲未来几代人需要的情况下，满足我们这代人的需要"这一广为接受的概念。该报告全面系统地阐述了发展与环境之间的关系，已成为可持续发展研究的经典文献。1992 年 6 月，中国政府签署了以可持续发展为核心的《21 世纪议程》等文件，标志着中国政府对可持续发展理论的确认和对全球可持续发展的参与。随后中国政府编制了《中国 21 世纪议程——中国 21 世纪人口、资源、环境与发展白皮书》，第一次把可持续发展战略写进中国经济和社会发展的长远规划。我国最权威的《辞海》对其的界定为："可持续发展是一种要求自然、经济、社会协调发展的社会发展理论和战略。"②

　　进入 20 世纪 90 年代以来，发展概念的内涵进一步扩大，它不仅包括经济增长、就业、消除贫困、收入分配公平、环境的改善等内容，还包括很多非经济因素。经济学家、哲学家和诺贝尔经济学奖获得者阿玛蒂亚·森认为，发展的目标是提供人们选择生活的能力。与阿玛蒂亚·森的理念相一致，联合国发展计划署（UNDP）每年在其年报中提供对经济发展的测量——以 1990 年首次提出"人类发展"这一概念为标志，广义的发展概念的流行和普遍被人们接受，发展概念的运用更趋泛化。譬如，尽管人类发展和经济发展这两个术语不同，但其思想是一样的。其差别在于扩展发展的概

---

　　① ［澳］海因茨·沃尔夫冈·阿恩特：《经济发展思想史》，商务印书馆 1999 年版，第 99 页。

　　② 《辞海》（第 6 版），上海辞书出版社 2010 年版，第 1030 页。

念，而不仅仅是增加人均收入。① 就一国要实现良好的发展而言，必须具备某些先决条件。包括：有能力的政府、运行良好的市场和机构、健康和受过良好教育的国民——他们能够在发展崛起的过程中在该国的企业和其他组织中有效率地工作。②

该机构发布的《1996 年人类发展报告》的主题专门讨论经济增长与人类发展的联系。该报告指出了五种有增长而无人类发展的情况：一是无工作的增长（jobless growth），主要指经济增长却没有导致就业率的同步增长。二是无声的增长（voiceless growth），主要指经济增长没有促进民主与自由的同步发展。民众参与和管理公共事务，自由地表达自己的意见和观点，是人类发展的一个重要方面。三是无情的增长（ruthless growth），是说经济增长反而导致贫富差距增大。四是无根的增长（rootless growth），是指经济增长缺乏本土文化的支撑或以传统文化是现代化和发展的累赘为借口，压制少数民族的文化，强迫少数民族和种族接受标准的文化和语言。五是无未来的增长（futureless growth），主要指经济增长导致了自然资源耗竭和毁灭生物多样性，使得人类居住环境恶化，从而使人类发展观主要关心的是人的物质生活、社会生活和精神生活的全面发展。它的提出使对发展过程的质量的关注从事物转变到对人本身的关心，把人不仅作为发展的手段，而且作为发展的目的进行探讨。

（二）可持续发展的理论回顾

1. 中国古代朴素的可持续发展理念和思想

可持续发展的概念虽然是由当代西方学者提出来的，但可持续性的思想在中国却源远流长，中国悠久的文化积淀了丰富的生态智慧和可持续发展思想。"天人合一"、"道法自然"的哲理思想，"劝君莫打三春鸟，儿在巢中望母归"的经典诗句，"竭泽而渔"、"杀鸡取卵"这样典型的资源利用方式的不可取，已成为人们广为

---

① ［美］德怀特·H. 波金斯：《发展经济学》（第 6 版），中国人民大学出版社 2013 年版，第 37 页。

② 同上书，第 17 页。

接受并普遍遵循；"一粥一饭，当思来处不易；半丝半缕，恒念物力维艰"的治家格言，这些质朴睿智的自然观、生态观和资源观，在很大程度上与当前国内外倡导的可持续发展理念和思想是相一致的。综合起来，中国古代朴素的可持续性思想体现在以下几个方面。

一是体现在我国古代的一些政治家和先哲的思想里。例如，春秋时期的伟大思想家孔子就主张"钓而不纲，弋不射宿"，意思是说，只用一个钩而不用多钩的鱼竿钓鱼，只射飞鸟而不射巢中的鸟。孔子说："山林非时不升斤斧，以成草木之长；川泽非时不入网罟，以成鱼鳖之长。"意思是说，不是恰当的时候不要进入山林砍伐，以免影响草木的成长；同样，不是恰当的时候不要进入川泽网鱼，以免影响鱼鳖的成长。春秋时期曾为齐国相的管仲，就提出过"山林虽近，草木虽美，宫室必有度，禁发必有时"。并认为："为人君而不能谨守其山林菹泽草莱，不可以为天下主。"意思是说，山林虽然离得很近，草木虽然长得很好，但建造房屋必须有个限度，封禁与开发必须有一定的时间，如果作为国王却不能保护好山林、川泽，就不能为国王。从这里可看出，作为首相的管仲已把保护山林川泽及其生物资源提到了一个非常高的高度。

二是体现在我国古代的一些政策和法律条款中。例如，秦朝的《田律》规定："春二月，毋敢伐材木山林及雍堤水。不夏月，毋敢夜草为灰，取生荔、麛、鷇，毋毒鱼鳖，置罔，到七月而纵之。唯不幸死而伐绾享者，是不用时。邑之皂及它禁苑者，麛时毋敢将犬以之田。百姓犬入禁苑中而不追兽及捕兽者，勿敢杀；其追兽及捕兽者，杀之。河禁所杀犬，皆完入公；其它禁苑杀者，食其肉而入皮。"大意是：春天二月的时候，不能砍伐树林阻塞河道。不到夏季不能在野外焚烧草木灰，也不能采集未成熟的果实，捕猎正在繁殖的野生动物。捕鱼的时候，不能用毒药毒鱼。张网捕鸟的话，七月繁殖季节要把网撤掉。树木应该在合理的时候砍伐，除了做棺材急需用木材例外。靠近保护区的农民不准在动物繁殖季节放任狗跑到保护区内，如果狗在保护区内没有捕猎，不能杀狗，如果狗追捕野兽就要把狗杀掉，狗皮充公，离皇城近的保护区狗肉也要充公。

从《田律》的这些规定看，《田律》很可能是中国和世界上最早的环境法律，其中明显体现了可持续性的思想。再如，《旧唐书》所记载的中唐时期，朝政腐败，生活糜烂，朝中及地方官僚竞相以"奇鸟异兽毛羽"攀比织裙，以至于许多鸟兽"采之殆尽"。唐玄宗李隆基从革除时弊的需要出发作出禁令，不准制作穿戴这类奇异的毛羽物。

三是体现在学者的论述之中。冯梦龙可能是中国历史上明确认识到人口膨胀对自然环境的压力的第一人，他指出："不若人生一男一女，永无增减，可以长久。若二男二女，每生加一倍，何以养之？"在当时历史条件下，能够认识到人口与自然环境的协调发展问题，尤为难能可贵。

综上所述，保护自然资源以达到持续利用、人口与环境相适应的朴素思想在我国早已有之。尽管这些朴素的思想中含有了尊重生态规律、追求经济社会永续发展的内容，但没有形成系统的可持续发展的思想和政策体系。

2. 西方古典经济学的可持续发展思想

在人类历史上，真正从经济学角度系统地探讨可持续发展问题，始于英国古典经济学。主要代表人物是托马斯·马尔萨斯（1766—1834）、李嘉图和约翰·穆勒等。

19 世纪早期，著名的英国人口学家马尔萨斯预言，除非不断上升的死亡率和不断下降的出生率急剧地将人口抑制住，否则被打断增长的人口会使地球生产食物的能力耗竭。虽然 20 世纪后半期，问题的焦点由土地和农业转向了所有的资源和全球环境，而科学技术发展的速度足以提高土地和其他资源的生产率，再加之替代资源的不断出现和家庭规模的小型化，似乎可以有效避免马尔萨斯陷阱，但马尔萨斯的观点仍具有影响力。

马尔萨斯观点的中心思想是，对自然资源的需求是以人口和收入的幂指数形式增长为基础的，而资源的供给或者是绝对有限的，或者只能以线性形式增长。无论人口和收入的增长率有多低，任何以幂指数形式扩张的需求，最终都会超过任何固定的或线性增长的供给。马尔萨斯的观点虽然表面上论述的是人口生产与生活资料生

产之间的关系，但实质上已经在论述人口、生活资料（自然资源、
环境）生产及其相互之间的可持续发展问题，他竭力主张人口生产
应服从于自然环境、资源的生产，只有两者和谐，社会才会发展和
进步。

英国古典政治经济学的集大成者大卫·李嘉图虽然与马尔萨斯
是同时代人，但在对自然资源利用的分析和结论上却不同于马尔萨
斯。李嘉图认为，自然资源不存在均质性。以土地资源为例，存在
自然肥力的差异，即有的土地肥力要高些，有的则要低些。这样从
高到低，形成一个土壤肥力级差系列。肥力较高的土地，数量可能
是有限的；肥力较低的土地，数量上可以不断增加。不仅土地是这
样，矿产资源也有品位的差异。品位较高的、开采成本较低的矿产
资源贮量是有限的。品位较低的，更难于开采的矿产资源可以不断
纳入开采之中。这样，李嘉图实际上否认自然资源经济利用的绝对
极限。在他看来，土地、空气、水等都是"自然恩赐"的取之不
尽，用之不竭的。他所强调的是，肥力较高的自然资源数量的相对
稀缺。

李嘉图将这一相对稀缺作为其经济分析的出发点。假定在一个
地区或国家，有 A、B、C 等不同土壤肥力的土地，地块 A 的肥力
为最高，因而耕作所能获取的产量也最大。那么，人们将首先开发
地块 A。随着人口的增加，地块 A 的产出已不够，必须开发更多的
土地。但只有肥力较差的地块 B 可以得到较高的产出才会被开发。
为了开发利用地块 B，地块 A 与 B 之间因肥力差异而导致的产出差
额应作为地租，使得地块 A 与 B 之间的收益相等。如果人口再度增
加，则对地块 B 也收取地租，使地块 C 投入生产。这样，随着需求
或人口的增加，总会有较低肥力或品位的资源得到开发利用。即使
是无限量的空气和水也不例外。李嘉图认为，只要它们存在质量的
差别，那么，土地也会有从高到低的质量序列，逐步得到利用。在
李嘉图看来，较高肥力的资源，在数量上不存在绝对稀缺，只存在
相对稀缺，而且这种相对稀缺并不构成对经济发展的不可逾越的制
约。对照马尔萨斯的理论，李嘉图的"资源相对稀缺论"是乐观
的，给人类以无限的希望。但我们知道，在李嘉图那个工业革命刚

刚开始的年代，资源的绝对稀缺虽然尚未出现端倪，但却并不能否定资源、生态等也有极限的事实，因此，稍后的约翰·穆勒对资源的认识显然又向前迈进了一大步。

约翰·穆勒是英国近代最著名的古典经济学家之一。他于1848年发表的《政治经济学原理》一书中反对无止境地开发自然资源，提出了"静态经济论"。首先，穆勒明确接受了绝对稀缺的概念。"有限的土地数量和有限的土地生产力构成真实的生产极限。"这种极限在最终到来时，必然对生产产生制约。不仅如此，早在该极限来临之前，资源绝对稀缺的效应便会表现出来。但穆勒认为，这种极限在现实世界中不甚相关，因为这一极限只是无限未来的事。其次，穆勒明确区分了土壤肥力的可更新（或重复利用）与矿产资源利用的一次性（不可更新）的特征差异。穆勒对资源稀缺论的另一个贡献是将资源稀缺论引申到环境分析中。穆勒考察了生活环境的数量和质量。经济系统中的土地资源，除了农业生产的功能外，还具有人类生活空间和自然景观美的功能。而且，生活空间的博大和自然景观的美是人类文明生活所不可缺少的。人们的思想源泉和激励动因均与大自然密切相关。可以说穆勒是第一个将自然环境纳入经济学分析的学者。再次，穆勒通过对环境经济研究产生了"静态经济"的构想。他认为，自然环境、人口和财富均应保持在一个静止稳定的水平，而且这一水平要远离自然资源的极限水平，以防止出现食物缺乏和自然美的大量消失。不是经济或技术上提出这一思想，而在于哲学伦理上。在他看来，人类生活需要博大的生活环境。拥挤狭小的环境影响人的情绪与思维。不仅如此，我们还要为子孙后代着想。"静态经济"的思想，已超出了稀缺的范畴，将环境保护及其影响的时间尺度拓展到了更为长远的未来。穆勒的这一思想，对现代环境保护主义者产生了重要影响。

总之，古典经济学在人口增长与人类发展的关系方面、经济增长的制约因素方面、人类发展与土地资源开发方面提出了大量有启发意义的思想和观点。但是囿于研究视野和时代局限，他们更多是从追求生产方式的物质利益的正当性、合理性的一些探讨，而这些思想和观点也没有被后来的新古典经济学体系所认可。

（三） 新古典经济学的可持续发展思想

新古典经济学认为，在一个自由选择的体制中，社会的各类人群在不断追求自身利益最大化的过程中，可以使整个社会的经济资源得到最合理的配置，市场机制中的"看不见的手"，推动着人们从自利动机出发，结果使交易的双方都能得到好处。如果经济中没有一个状态可以在不使他人境况变坏的同时使自己的情况变得更好，那么这种状态就意味着达到了资源配置的最优化，即实现了资源配置的帕累托最优效率。由于提高效率并没有损害其他人的利益，这种改进也是相当公平的。但是，以上的帕累托最优和帕累托改进中，效率并不包含生态效率，公平并不包含资源使用的代际公平，由于市场资源配置不包括环境资源的使用，因此当工业化进程中面临严重的环境污染问题时，新古典经济学理论只能把这个结果归结为市场失灵。

所谓市场失灵是指当市场价格偏离了稀缺性资源的价值时，个人和公司会做出最大化自身利益而损害他人乃至社会利益的决定。因此，纠正市场失灵并建立适当的运营管理，有效市场就能够成为提高资源利用效率、减缓环境恶化、促进可持续发展的最有效、最强有力的机制。然而问题就在于市场参与者通常不会充分考虑自身行为对环境的成本，因而造成环境恶化。市场失灵影响资源最持久的是外部性——并非由个人生产者承担而是由总体承担的成本，以及有利于深化却无法被生产者获得的利益。最典型的外部性是由过度开采资源、恶化环境造成的。如果开采资源的速度快于自身再生或者被人造资本替代的速度，那么这种发展将是不可持续的。

新古典经济学家认为，环境资源基础是一个无限大的可以随意利用的资本库，并据此向政策决策者提出宏观经济政策，不断鼓励人们提高消费水平，似乎物质产品的增长可以是无限的，关于长期生产和消费的宏观经济模型很少提及环境资源，可见其隐含的假定为自然资源是不稀缺的，而且在将来也不会稀缺。即使产生稀缺性，不断增加的资源稀缺性本身一直就是导致行为和技术变革的诱因。当一国或这个地球用光了资源，不管是作为燃料的木材、石油，还是淡水供应、清洁的空气，要么这些资源的市场价格上升，要么没有定价的舒适环境的使用费上升。新古典经济学家们坚信，较高的成本通常会被预见到，会成为缓解不断增长的资源稀缺性的变化的信号。

燃料和原材料的价格不断上涨，会使寻找新矿产和以较高的成本开采较难开采的矿产变得有利可图。也就是说，虽然大量消耗了能矿资源，但更高的成本使用也同时意味着研究新技术以提高稀缺资源的生产率会获得更高的回报。另外，稀缺性的增加也迫使使用者节约利用能矿资源。资源使用如此，环境污染也是如此。从收入水平和环境指标间的关系来看，大致有三种模式：一是随着收入的增加，一些环境问题得以消除，如安全饮用水的获得以及足够的卫生设施；而另一些问题却随着经济产出和收入增加而恶化，如城市废弃物和二氧化碳排放。二是当收入增加时，环境问题首先恶化，到达转折点后会随着经济增长而消除。三是环境库兹涅茨曲线，即经济增长模式与资源短缺、环境污染、生态恶化之间没有必然联系。从新古典经济学角度看，可持续发展的最佳策略是实施更有效的市场，包括实行产权、可交易的许可证和税收等措施，使资源的实际稀缺性在人们购买商品和服务所付的价格中真正反映出来。这样才能保证马尔萨斯理论所强调的资源障碍、累积效应和不可逆转能被克服。

现实的情况是，市场机制并没有很好地解决自然资源与可持续发展之间的矛盾，自然条件对资本主义国家的发展制约日益严重。西方主流经济学的主要任务是实现资源最优配置，环境污染等不可持续问题不是考虑重点，特别是某些环境经济经验模型还未能有效纳入新古典传统分析框架。主流经济学家不仅没有兴趣去研究与环境保护、资源节约、生态恶化密切相关的可持续发展问题，而且极力主张通过所谓的经济全球化和自由贸易，去掠夺发展中国家的自然资源，把污染转嫁给不发达国家，并且极力为其寻找理论依据和提出政策主张。

（四）当代西方主流经济学漠视或忽视可持续发展问题的根源探析

1. 现代经济学产生和发展所处时代的世界市场分工格局

从一定意义上看，近代西欧资本主义发达国家推行工业化进程的一段历史时期，是通过暴力屠杀、种族灭绝、强制移民、世界市场、市场垄断、资本国际分工等方式，控制世界的主要的能源和自然资源、市场和政治经济秩序，进一步强化资本对发展中国家自然资源的剥削的历史时期，"资本主义生产的市场是世界市场"①、也是横行"以强权为基础的"贸易掠夺全球市场的历史时期。在这样一个历史时期诞生的西方主流经济学，把资源、环境可持续利用等问题排除在分析框架之外，有其历史必然性。恩格斯在《1845 年和1885 年的英国》一文中写道："现代工业存在的条件——蒸汽力和机器，凡是有燃料、特别是有煤的地方都能创造出来，而煤不仅英国有，其他国家，如法国、比利时、德国、美国甚至俄国也都有。这些国家的居民看不出，仅仅为了让英国资本家获得更大的财富和光荣而使自己沦为赤贫的爱尔兰佃农有什么好处。"② 因为"资本的必然趋势是在一切地点使生产方式从属于自己，使它们受资本的统治"的同时，"资产阶级社会的真正任务是建立世界市场和确立以这种市场为基础的生产"。以英国为主导的贸易自由客观需要世界各国开放本国市场，但市场越是开放利益受损越严重。马克思在评价被誉为"民族英雄"的德国历史学派代表人物、反对自由市场教条主张贸易保护的经济学家李斯特的著作《政治经济学的国民体系》时说："我们作为一个国家，不能把自己售卖给其他国家。"③出于本国利益保护的需要，各国普遍实行保护关税制度。用恩格斯的话说，这正是对付使英国的工业垄断达到顶峰的英国贸易自由的自卫手段，这种手段或多或少是明智的。实质上，当时的世界市场都是围绕着英国这个工业中心，而由一些以农业为主或纯粹从事农

---

① 《马克思恩格斯全集》第 49 卷，人民出版社 1982 年版，第 312 页。
② 《马克思恩格斯全集》第 21 卷，人民出版社 1965 年版，第 229 页。
③ 《马克思恩格斯全集》第 42 卷，人民出版社 1979 年版，第 256 页。

业的国家所造成。基于此，恩格斯总结道："当时英国工厂主及其代言人即政治经济学家的下一个任务是，使所有其他国家都改奉自由贸易的教义，从而建立一个以英国为大工业中心的世界，所有其他国家都成为依附于它的农业区。"① 因此，在这样的世界市场分工格局下，被工业利用的能源和自然资源相对于工业生产规模来说具有"无限供应"的性质。而作为生产投入品的工业能源和自然资源的成本基本上等于其勘探、采掘和运输等的费用，其机会成本并无独特之处，所以同其他的工业投入品没有本质上的经济学差别，而同自然资源的空间位置相关的因素可以归之为"区位"因素和交通运输成本之类的范畴，矿藏的丰度则可以归之为"级差地租"。至于环境因素则可以一般化为经济活动的外部性，在一般的经济分析中不予考虑。显然，西方主流经济学产生时期所处于的世界分工格局和时代任务，从根本上决定着它不可能充分考虑在当今人们非常关注的可持续发展话题。

2. 西方主流经济学主导的发展观和统计技术所致

英国古典政治经济学反映着资产阶级在经济领域中的胜利。自由竞争的资本主义时期，主宰世界市场的经济学理论体系是亚当·斯密建立的自由放任经济学体系。对此"新的经济学"的本质所在，马克思恩格斯是非常清醒的。恩格斯指出："即以亚当·斯密的《国富论》为基础的自由贸易体系，也同样是伪善、前后不一贯和不道德的。"② 这种伪善、前后不一贯和不道德，首先是在一切领域中与自由的人性处于对立状态。恩格斯在《英国工人阶级状况。根据亲身观察和可靠材料》中还写道："英国资产者对自己的工人是否挨饿，是毫不在乎的，只要他自己能赚钱就行。一切生活关系都以能否赚钱来衡量，凡是不赚钱的都是蠢事，都是不切实际的，都是幻想。所以国民经济学这门关于赚钱的科学就成为这些唯利是图者所喜爱的科学。他们每个人都是国民经济学家。"③ 恩格斯在《自然辩证法》中写道："资产阶级的社会科学，即古典政治经济

---

① 《马克思恩格斯文集》第 4 卷，人民出版社 2009 年版，第 335 页。
② 《马克思恩格斯全集》第 3 卷，人民出版社 2002 年版，第 444 页。
③ 《马克思恩格斯文集》第 1 卷，人民出版社 2009 年版，第 477 页。

学，主要只研究人以生产和交换为取向的行为所产生的直接预期的社会影响。这同以这种社会科学为其理论表现的社会组织是完全相适合的。在各个资本家都是为了直接的利润而从事生产和交换的地方，他们首先考虑的只能是最近的最直接的结果。一个厂主或商人在卖出他所制造的或买进的商品时，只要获得普通的利润，他就满意了，而不再关心商品和买主以后将是怎样的。人们看待这些行为的自然影响也是这样。西班牙的种植场主曾在焚烧山坡上的森林，以为木灰作为肥料足够最能盈利的咖啡树施用一个世代之久，至于后来热带的倾盆大雨竟冲毁毫无掩护的沃土而只留下赤裸裸的岩石，这同他们又有什么相干呢？在今天的生产方式中，面对自然界以及社会，人们注意的主要只是最初的最明显的成果，可是后来人们又感到惊讶的是：人们为取得上述成果而作出的行为所产生的较远的影响，竟完全是另外一回事，在大多数情况下甚至是完全相反的。"①

其实，对自由市场经济支配下的世界各国利益不均等的本质认识，也引起了有良知的西方知识分子的深刻反思。20世纪80年代法国著名学者弗朗索瓦·佩鲁受联合国教科文组织之托，撰写了《新发展观》这一世人瞩目的名著。在该著作中，佩鲁对西方资本主义的制度性暴力造成的血腥暴行及其对广大发展中国家带来的惨重代价进行了深入系统的剖析。他提倡一种"整体的"、"综合的"、"内生的"新发展观。新发展观的出现预示着经济学及其所应用的分析工具领域中的各种根本变革。佩鲁指出，这种变革同作为主体和行为者的人有关，同人类社会及其目标和显然正在不断演变的目的有关。一旦接受了发展的观念，就可望出现一系列新的发展，与之相应的是人类价值观念方面的相继变革，在历史上，这些价值观念正是以这种方式转化为行为的活动的。他指出，第一代英国古典经济学家非常正确地以整个世界和全人类作为他们的研究领域，但他们把带来普遍和平的能力归之于工业，把按照"经济效益"要求和"可行的"正义要求将分配资源的能力归之于市场的扩

①　《马克思恩格斯选集》第4卷，人民出版社1995年版，第386页。

大，这就把人们引入歧途。因为"过去百年间普遍信奉的一般经济理论，有由那些专门为靠外贸和金融繁荣起来的英格兰著书立说的讲英语的作者根据发达国家的经验制定的，它反映这来自统治阶级的暗中压力。这种在很多方面显然是规范的一般理论以其前提和结构为其所产生的国家的利益服务；如果不加批判地在发展中国家应用这种理论，就会损害这些国家，因为这些国家事实上必须依赖的'市场'，是一个它们在根深蒂固的、普遍而且持久的不平等背景下参与的市场"。"而且相对来说，功成名就且熟悉发展中国家实际情况的经济学家也非常之少。他们……总是贬低发展问题，使之处于从属地位，依附于西方资本主义及其货币和金融机制的分析和理论。"① 既使作为专门研究发展问题的早期的西方发展经济学，也主要是基于西方发达国家的利益和以西方国家成熟的市场经济为基点的经济增长问题研究，在经济统计中也常常用经济增长的指标来衡量经济发展的水平，没有把从自然和环境中索取的成本估算进去。联合国环境署前主席劳伦斯·布鲁姆说过，据德意志银行的经济学家的研究，全球经济发展的自然成本每年是 3 万亿—5 万亿美元，这是大自然的资本项目，尽管我们源源不断地获取，但长期以来没有纳入测算。② 从这一意义上看，摆脱西方主流经济学的桎梏，创造一套可观察、可测度和可比较的"可持续发展"的度量体系和统计制度，既是发展理念的体现，也关系到可持续发展政策的指向。

3. 资本主义生产方式主导下的资本逻辑和资本权力膨胀的必然产物

"文明的一切进步，或者换句话说，社会生产力（也可以说劳动本身的生产力）的任何增长，——例如科学、发明、劳动的分工和结合、交通工具的改善、世界市场的开辟、机器等等，——都不

---

① ［法］弗朗索瓦·佩鲁：《新发展观》，张宁、丰子义译，华夏出版社 1987 年版，第 40 页。

② 2013 年环保部环境规划院发布了 2010 年我国绿色国民经济核算即人们俗称的绿色 GDP 的部分结果。结果显示，2010 年全国生态环境退化成本达到 15389.5 亿元，占 GDP 的比例为 3.5% 左右。而在 20 世纪 80 年代至 90 年代，生态退化和环境污染带来的经济损失约相当于 GDP 的 8%。

会使工人致富，而只会使资本致富，也就是只会使支配劳动的权力
更加增大，只会使资本的生产力增长。因为资本是工人的对立面，
所以我们的进步只会增大支配劳动的客观权力。"① 当代的世界市场
体系、国际政治经济文化格局，都证明了马克思的资本逻辑是关于
"物"的逻辑而不是"人"的逻辑这一观点的真理性、深刻性和超
前性，并表明当今世界仍处在资本支配一切的时代。在当代，无论
是对科学技术、价值观念和政治制度的分析，还是对个人存在方
式、社会生产方式、国际交往方式的分析，都必须明白资本仍然是
当代社会的基本建制，必须领会资本的存在论或本体论意义。也就
是说，在经济全球化背景下，占主导地位的是发达资本主义生产方
式——以资本为主体、以市场为资源配置方式、以获取资本高额利
润为目标、以不惜牺牲发展中国家人民利益为手段的生产方式的理
论代言人。

　　资本逻辑是关于"物"的逻辑而不是"人"的逻辑。它关心的
只是对物的占有，而人则仅仅被看成实现资本运行的手段——"人
力资源"和"消费机器"。最大利润的获得和资本的最快的增殖，
是资本逻辑最高原则。因此，掠夺更多的自然资源和消费更多的商
品就成为资本逻辑的两个基本的支点。无偿地占有和支配更多的自
然资源是经济过程的逻辑起点，而更多地消费则是资本逻辑的逻辑
终端：它们是获取最大利润的两个关键的、必要的环节。在资本逻
辑的支配下，已经不是通过经济增长来保证消费的满足，而是通过
消费的扩张来保证经济的持续增长。当消费成为支撑"利润最大
化"的逻辑的手段以后，这种消费也就主要不再是满足需要的活
动，而是变成了对过剩产品的"消耗"和"毁灭"的活动。人成为
毁灭过剩产品的机器，因为只有"毁灭"了过剩产品，生产才能继
续进行，经济才能继续增长，资本才能继续增殖。因此，从本质上
说，工业文明的经济（商品经济）是以挥霍性消费为前提的，这种
经济从本质上看是不能做到"节约"的。总之，资本的逻辑要求对
自然资源进行疯狂的掠夺，自然生态系平衡的破坏，就成了工业文

_____

① 《马克思恩格斯全集》第31卷，人民出版社1998年版，第103—104页。

明的经济发展不可避免的必然后果。

　　当然，相对于广大发展中国家而言，现今资本主义发达国家的可持续发展制度与社会环境，已经不再是当年马克思恩格斯描写的那个样子，发达国家普遍倡导绿色的新发展观业已表明，资本逐利属性已被设置了限制其扩展的人文界限和生态界限。资本逐利属性已被设置限制其扩展的人文界限和生态界限的集中表征，就是发达国家普遍推崇的绿色新发展观。而这种所谓的绿色新发展观的主要标志也是多样性的，包括：《斯德哥尔摩宣言》（1972 年）即《人类环境宣言》，佩鲁的《新发展观》，巴西《里约热内卢宣言》（1992 年）和《哥本哈根社会发展宣言》（1995 年），"以人为本"的新理念、新公共服务理论、新公共服务型政府角色理论，以及以"绿色 GDP"为代表的新国民收入核算方法等。客观地看，西方发达国家已经出现倡导和谐的思想取向、政治取向和政策取向，并已取得某些甚至很大成效。但是，资本主义社会经济形态的新变化及其自我调节能力只是表明：社会生产力的发展迫使资本逐利本性违背其初衷而被迫采取社会化形式。资本主义社会经济形态发展的辩证法告诉我们："资本本身是处于过程中的矛盾"、"资本的限制正是资本自身"①。也就是说，只要资本主义生产方式不进行变革，人类可持续发展问题就不能得到根本解决。

　　4. 西方主流经济学漠视或忽视可持续问题和西方人类中心主义价值观一脉相承

　　向发展中国家输出、转移生态污染，转嫁生态灾难，包括向发展中国家转移污染严重、能耗和资源消耗多、附加值低的产业，大量输出生态垃圾和生态赤字，逃避自己在解决自从近代工业化以来所造成的世界性生态问题的责任，甚至继续推行生态殖民主义和生态霸权主义。以上种种事实的实质是，"资本主义首次开创的世界历史"以生态灾难"全球化"、生态成本"转移化"的形式在当代的延续和发展。把解决生态危机寄托于人类生态价值观的转变，实际上模糊了西方发达资本主义国家同发展中国家在解决生态危机问

---

　　① 《马克思恩格斯全集》第 46 卷下，人民出版社 1985 年版，第 219 页。

题上不同的责任、义务和权利关系，客观上起到了为资本作辩护的作用，在价值立场上具有西方中心主义的倾向。用英国赫尔大学地理学教授、国际上很有影响的地理学和自然资源学专家朱迪·丽丝的话说："尽管一些政府已经意识到，如果不强调第三世界的发展和债务问题，全球环境变化的威胁就不会得到缓和；但目光短浅的国家自身利益仍然在国际政治经济中占主要地位。"以美国为首的部分发达国家在比较好地解决了本国局部经济社会可持续发展问题的同时，却不愿意承担与其经济体量相适应的可持续发展成本。也就是说，由于国际社会对最根本的用于可持续发展的成本分配问题没有找到根本解决办法，甚至部分国家采取推卸责任、歪曲事实、转移视线等损人利己的做法，如在温室气体排放、环境技术转让、海洋资源保护和利用、生物资源和基因资源的掌控，还有正在热炒的"碳关税"、"零排放"等问题上，一些发达国家企图用此遏制中国等发展中国家的兴起和进步。"正如 70 年代关于建立一个国际经济新秩序的争论并没有减少空间不平等一样，80 年代关于可持续发展道路的论战也将是无益的，除非财富和福利的分配问题最终得到重视。"①

三　马克思主义发展观与可持续发展理论体系的建构逻辑

（一）马克思主义发展观为可持续发展提供了科学方法论

把"发展"作为最重大的现实问题而予以研究的社会科学理论，它所面对的理论问题，首要的不仅仅是对存在状态和存在过程的描述，而且是对存在状态或存在过程的评价，这就是发展观问题。换句话讲，发展观是基于对发展的评价标准而构成的在实践中作出顺序性选择与安排的关于发展的思想理论。

发展观及其相关理论与实践问题，业已成为全球性的热点话

---

① ［英］朱迪·丽丝：《自然资源分配、经济学与政策》，蔡运龙等译，商务印书馆 2002 年版，第 578—579 页。

题，发展概念恐怕也是现代社会使用频率最高的名词之一。但是，我国理论界就此话题的研究起步比较晚，理论准备不够，因而较多流行的是西方发展理论的话语，还没有真正形成中国特色的发展理论与思想体系。应当说，西方发展理论的传播虽然对于推动我国包括广大发展中国家的发展理论研究水平起到了一定的作用，但其理论本身与各国发展实际存有不同程度的错位，所以很难用来指导实践，即使据此指导实践的效果也往往不佳。因此建立具有中国特色、适于中国发展的马克思主义发展理论体系，既是时代的呼唤、实践的需要，更是中国特色社会主义道路自信、制度自信与理论自信的具体体现。

马克思历史唯物主义既是研究历史发展规律的历史科学，又是实现世界观革命的哲学，具有哲学和科学双重意蕴：如果在历史观即历史科学的意义上看待马克思的历史唯物主义，那么它体现的是一种发展理论；如果我们在世界观即哲学的意义上去看待马克思的历史唯物主义，那么它体现的就是一种发展观。历史唯物主义的发展概念所反映的是人类历史从低级向高级的进步过程，它所关注的是历史总体的发展，强调的是发展过程的不依人的主观意志为转移的客观方面，它要为人们提供关于历史总体发展的规律和机制，反对由人们的主观意志随意支配的发展过程，它把人类的自由解放、人向自己本性的复归看作人类社会发展的终极目标。与此不同，现代发展理论揭示的却不是历史总体，而是不同国家的具体的发展模式和发展道路，不是社会的规律性的发展过程，而是在主观意志、意识、政策支配下的发展模式的选择。

马克思从"现实的人及其历史发展"出发，揭示了人类社会发展的一般规律。应当看到，自马克思生活时代以来，资本主义生产关系经历了私人资本、股份资本、国家垄断资本，已发展到以跨国公司为标志的国际垄断资本主义。私人资本与社会资本并存，资本的国家所有制、资本的个人所有制与资本的股份所有制并存。这就是说，尽管资本主义社会经济形态的本性即"一个在价值上建立起自己的生产方式，进而按照资本主义方式组织起来的国家"没有发生根本改变，但是必须充分估计资本主义在生产方式、生产关系和思想理念等方面都进行不同程度的调适和变革，必须充分研究资本主义在历史行程中"自行扬弃"、"消极扬弃"、"积极扬弃"从而逐渐孕育而出的否定因素和"新社会的因素"、"新的经济制度的要素"，即"辩证发展过程在资本主义范围内确实就包含着新社会的因素，包含着它的物质因素和精神因素"，而较之前资本主义生产方式"更有利于生产力的发展，有利于社会关系的发展，有利于更高级的新形态的各种要素的创造"。但是，这些"新社会的因素"、"新的经济制度的要素"只不过反映的是资本主义具体形式的变化，而不是其实质的变化。只要资本的性质没有发生根本性的改变，那么，产生于这种时代并直接用于分析这种时代的马克思主义发展理论就没有过时。正由于马克思发展理论所面对的时代性质和所存在的基本问题没有发生实质性的改变，因此马克思发展理论仍然是我们时代最重要和最深刻的发展理论，对全面深化改革中国特色的社会主义具有重要的指导作用。那么，历史唯物主义为可持续发展提供了哪些方法论依据和基本遵循呢？

　　1. 马克思主义创始人运用辩证唯物主义和历史唯物主义方法论，从生产力和生产关系矛盾运动构建可持续发展思想体系，主张生产力是人类发展的根本动力和现实基础；强调科学技术在生产力发展中的推动作用

　　马克思的历史唯物主义在某种意义上可以说就是关于发展的理论。在《〈政治经济学批判〉序言》中，马克思对自己的哲学理论的简要的表述本身就包含着对发展问题的深刻的思索："人们在自己生活的社会生产中发生一定的、必然的、以他们的意志为转移的关系，即同他们的物质生产力的一定发展阶段相适合的生产关系。这些生产关系的总和构成社会的经济结构，即有法律的和政治的上层建筑竖立其上并有一定的社会意识形式与之相适应的现实基础。物质生活的生产方式制约着整个社会生活、政治生活和精神生活的过程……社会的物质生产力发展到一定的阶段，便同它们一直在其中运动的现存生产关系或财产关系（这只是生产关系的法律用语）发生矛盾。于是这些关系便由生产力的发展形式变成生产力的桎梏。那时社会革命的时代就到来了。随着经济基础的变更，全部庞

大的上层建筑也或慢或快地发生变革。"① 马克思从其历史唯物主义学说出发，揭示出人类社会发展的普遍规律，即生产力的发展构成社会发展的根本动力，但当它发展到一定阶段时，便会与它置身于其中的生产关系发生矛盾，从而导致社会革命。从这个意义上看，生产力和生产关系的矛盾分析是马克思主义政治经济学的基本方法论，同样也是马克思主义可持续发展观的科学方法论。面对资本主义经济，马克思主义经济学关注的是资本主义生产关系阻碍生产力发展的矛盾分析，由此提出社会主义取代资本主义的必然性。经济落后的国家在进入社会主义社会后，生产力和生产关系的矛盾主要表现为生产力的相对落后，需要以发展生产力来发展社会主义生产关系。因此，马克思主义经济学需要把对生产力的研究放在重要位置，以增进国民财富作为目标和归宿。根据马克思的概括，社会生产力的发展来源于三大动力："归结为发挥着作用的劳动的社会性质，归结为社会内部的分工，归结为智力劳动特别是自然科学的发展。"② 显然，马克思主义的生产力理论，是研究社会主义条件下发展生产力从而推动社会主义生产关系发展的重要依据。

科学技术在生产力发展中居于举足轻重的地位。马克思结合资本主义社会的发展过程明确指出了科学技术的重大作用，他在考察工业革命时提出："资产阶级在它的不到一百年的阶级统治中所创造的生产力，比过去一切世代创造的全部生产力还要多，还要大。"③ 马克思认为这种生产力的产生源于资产阶级在工业革命中对科学技术的应用。为了进一步说明科学技术的作用，马克思又指出："随着大工业的发展，现实财富的创造较少地取决于劳动时间和已消耗的劳动量，较多地取决于在劳动时间内所运用的作用物的力量，而这种作用物自身——它们的巨大效率——又和生产它们所花费的直接劳动时间不成比例，而是取决于科学的一般水平和技术进步，或者说取决于这种科学在生产上的应用。"④ 科学技术对资本

---

① 《马克思恩格斯选集》第 2 卷，人民出版社 1995 年版，第 32—33 页。
② ［德］马克思：《资本论》第 3 卷，人民出版社 2004 年版，第 96 页。
③ 《马克思恩格斯文集》第 2 卷，人民出版社 2009 年版，第 36 页。
④ 《马克思恩格斯文集》第 8 卷，人民出版社 2009 年版，第 195—196 页。

的作用，体现在资本主义生产过程中资本有机构成的提高上，资本家通过不断地改进生产技术和增加新设备，提高资本的有机构成，强化对工人的剥削。"手推磨产生的是封建主的社会，蒸汽磨产生的是工业资本家的社会。"① 这是对科学技术在生产和社会发展中发挥决定性作用的最好写照。

马克思在分析生产力和生产关系矛盾运动时提出了两个"决不会"思想："无论哪一个社会形态，在它所能容纳的全部生产力发挥出来以前，是决不会灭亡的；而新的更高的生产关系，在它的物质存在条件在旧社会的胞胎里成熟以前，是决不会出现的。"② "所以人类始终只提出自己能够解决的任务，因为只要仔细考察就可以发现，任务本身，只有在解决它的物质条件已经存在或者至少是在生成过程中的时候，才会产生。"③ 以上论述给予我们的深刻启示就是：人类社会的发展并不是服从人们主观意志的随意性的，而是以生产力和生产关系、经济基础和上层建筑之间的客观的矛盾运动作为基础的。在这些矛盾运动中，生产劳动和经济发展起着基础性作用，而科学技术在其中发挥着至关重要的推动作用。

2. 马克思发展观把自然置于人赖以生存和发展的前提和基础的地位，表明可持续发展的根基是生产力充分发展的物质基础和拥有良好的生态环境和足够的自然资源客观条件的高度统一

马克思恩格斯用大量理论与实例说明，人类社会发展必须利用自然、善待自然，通过与自然的物质变换为人类谋福利。马克思把人本身的自然归入广义自然条件，指出人本身的自然和人周围的自然是统一在广义自然条件之中的，只有各要素之间和谐共生，才能保持生态系统的平衡，才能保证人类社会的生产力发展有足够的源源不断的源泉和动力，才能保证生产力的可持续发展。但是人类在利用自然、开发自然时，在生产力发展过程中，生产力的两个源泉之间又存在着矛盾和冲突，由于人的主观能动性，人主宰自然，按照自己的主观意志从而不合理、不正确地认识和运用自然规律来利

---

① 《马克思恩格斯选集》第 1 卷，人民出版社 2012 年版，第 222 页。
② 《马克思恩格斯选集》第 2 卷，人民出版社 1995 年版，第 33 页。
③ 同上书，第 592 页。

用自然，是造成人本身的自然和外界自然条件冲突的根源，结果使生产力的源泉遭到破坏，最终阻碍生产力的可持续发展。这就告诉我们，实现可持续发展首先要找到并且十分重视人本身的自然和人周围的自然对立的原因。这就是人类要尊重自然界，正确认识和运用自然规律谋求人类社会的发展，通过技术创新用更少的劳动和自然条件的耗费获取人类生存和全面发展所需要的不断增加的物质财富，保持人类在谋求自身发展的同时维持外界自然条件永续利用的能力和条件。

马克思认为，要保持生产力充分发展的物质基础和拥有良好的生态环境和足够的自然物质条件的高度统一，可以从改进劳动生产力要素可持续利用的方式组合等方面取得突破。譬如，技术进步所带来的工艺、机器的改良和新发明的利用，对于减少生产排泄物和再利用生产排泄物从而实现自然物质的节约利用；在利用新技术开发和使用劳动对象、改进劳动资料以推动生产力水平提高时，不能只以追求财富的增加为目的，不仅仅只注重劳动的新技术，还要注重选择节约自然物质和环境友好型的新技术，比如生产排泄物循环利用的新技术。在马克思等经典作家的相关研究中可以看到，与自然相关的生产力的发展在相当大程度上要受自然条件的制约，也就是说，在对自然条件的开发利用中由于其中的不可再生的自然条件被不断消耗而趋于下降，而这种下降在一定程度上可以通过劳动的社会生产力和劳动的科学技术的发展来弥补，比如科学技术的发展能够发现改善土壤条件的更好的方法，这会抵消劳动的自然力的不断下降。显然这里的关键是，生产力的发展方式是节约自然条件型的还是节约劳动型的，由科学技术进步带来的生产力水平的提高无法弥补由于自然水平力下降带来的生产水平的下降，结果使社会的整体生产水平趋于下降。所以，人类在发展生产力时必须从可持续发展的视角来考虑促进生产力发展的源泉的永续发展方式，以尽可能节约自然条件、人类和自然条件和谐相处为目标，在生产力充分发展的物质基础和拥有良好的生态环境和足够的自然物质条件的高度统一进程中，实现人类社会的可持续发展。

3. 马克思发展观以人的全面自由发展为最终目的，主张在人与自然、人与人的关系的发展变化中推动人类社会可持续发展

在发展观的意义上看待马克思的发展理论，就是马克思以"个人的全面发展的理论"为基础的人类自由解放的逻辑，以及为人类的自由解放所寻找到的现实的道路。历史唯物主义发展观认为，人类社会发展的核心动力是生产力的充分发展，由此推论，如果生产力的发展是不可持续的，那将导致人类社会发展的不可持续。由此，社会生产力的可持续发展是人类社会可持续发展的本质。从广义生产力来看，人本身的自然和人周围的自然，在劳动生产力发展中紧密相关但是各自又起着不可替代的作用，其中起主导作用的是人本身的自然，只有人类真正认识到自己是广义自然条件的内容之一，有意识地通过改变自然条件的方式消除生产力发展过程中人与自然条件的冲突，与自然界和谐相处，才能够真正实现生产力的可持续发展，进而实现人类社会的可持续发展。

作为劳动生产力的客观源泉，自然界提供自然物质能力的可持续性，在某种意义上决定着人类发展的走向。实践表明，自然界提供自然条件能力的下降在很大程度上来自于自身发展利用自然界所进行的生产和生活活动。因此，如何处理人类的发展与保护自然界提供自然条件的能力之间的关系，是实现生产力可持续发展的关键。因此马克思反对自然主义的历史观。他指出，"自然主义的历史观（例如，德莱柏和其他一些自然科学家都或多或少有这种见解）是片面的，它认为只是自然界作用于人，只是自然条件到处在决定人的历史发展，它忘记了人也反作用于自然界，改变自然界，为自己创造新的生存条件"①。马克思指出，人类利用自身的体力和智力进行社会地控制自然力以便经济地加以利用，在产业史上一定时空中会起决定性作用，并以埃及、伦巴第等地治水工程为例。但是，这不等于说人类可以随意支配自然界。正如恩格斯在《自然辩证法》中所说："我们统治自然界，绝不像征服者统治异族人那样，决不是像站在自然界之外的人似的，——相反地，我们连同我们的

---

① 《马克思恩格斯全集》第20卷，人民出版社1971年版，第574页。

肉、血和头脑都是属于自然界和存在于自然界之中的；我们对自然界的统治力量，就在于我们比其他一切生物强，能够认识和正确运用自然规律。"①

再者，人类社会的可持续发展意味着人类要世代永续发展，其中的关键是保持社会生产力的自然基础——外界自然条件可持续利用的能力。所以作为生产力源泉之一，人类的外界自然条件不仅当代人要使用，而且要传给后代，实现代际公平利用。当代人遗留给后代人的外界自然条件，在相当大程度上规定了后代人的生活条件和发展条件。"历史的每一阶段都遇到一定的物质结果，一定的生产力总和，人对自然以及个人之间历史地形成的关系，都遇到前一代传给后一代的大量生产力、资金和环境，尽管一方面这些生产力、资金和环境为新的一代所改变，但另一方面；它们也预先规定新的一代本身的生活条件，使它得到一定的发展和具有特殊的性质。"②

综上所述，马克思主义创始人运用辩证唯物主义和历史唯物主义方法论，从生产力和生产关系矛盾运动出发来构建可持续发展思想体系，承认生产力是人类发展的根本动力和现实基础，主张生产力充分发展的物质基础和拥有良好的生态环境和足够的自然资源客观条件的高度统一，把经济、社会、自然与人有机结合起来，主张在人与自然、人与人的关系的发展变化中推动人的解放，其方法论和研究视野对可持续发展具有重要理论与现实指导意义。

（二）马克思主义经济学为可持续发展提供了较为完备的理论框架和基础③

第一，马克思主义经济学是研究人类社会中支配物质生活资料的生产和交换的规律的科学。马克思主义经济学"本质上是建立在唯物主义历史观的基础上的"。建立在历史唯物主义基础之上的科学的发展观——马克思主义发展观揭示了人类文明至今没有阐述清

---

① 《马克思恩格斯选集》第4卷，人民出版社1995年版，第383—384页。
② 《马克思恩格斯选集》第1卷，人民出版社1995年版，第92页。
③ 杨志：《循环经济可持续发展的经济学基础》（总论），石油工业出版社2009年版。

楚的一系列重大理论与现实问题——自然、人类自身、人类活动、社会、环境以及它们之间的相互关系问题。马克思在坚持尊重客观规律和发挥人的能动性的基础上，构建了以经济发展为基础，以社会发展为手段，以人的自由全面发展为最终目的的全面可持续发展观。

第二，马克思主义经济学系统地揭示了人类活动、劳动、活劳动、人类主观能动性与社会组织形式之间的内在逻辑，为可持续发展理论科学阐释人类活动与人类生存和发展环境之间的互动关系提供了理论依据。

第三，马克思主义经济学有层次地揭示了劳动、生产劳动、生产活动如何借助生产方式转换为经济活动、经济基础、经济结构、经济形态，为可持续发展理论研究如何借助经济学范畴建立可持续发展理论框架提供了可直接借鉴的逻辑方法。马克思发展观运用辩证法的观点分析问题，包含着辩证法关于事物发展由量变到质变、由量的发展到质的提高等理念和方法的运用。马克思发展观蕴含了丰富的辩证法思想，不仅体现了哲学中不同事物发展的普遍联系观点，而且也体现了哲学中事物发展的重点论和两点论相结合的方法，这为加快经济发展方式转变提供了方法论指导。

第四，马克思主义经济学全面地阐释了资本主义生产方式及其革命同经济增长模型和经济发展模式之间的关系，为研究经济社会可持续发展如何推动发展方式的根本变革提供了崭新的理论思路。

第五，马克思主义经济学的资本循环理论为在市场经济框架下构建经济可持续发展理论提供了直接可参考的理论模式。

第六，马克思主义经济学认为，资本主义生产方式绝不是承载人与自然和人与人之间互动关系的永恒方式；资本主义生产方式在其促进经济增长的同时借助世界市场网络将其内部矛盾外溢，不仅造成世界各国之间的联系与矛盾，而且造成整个人类与自然界之间的联系与矛盾；发达国家资本主义生产方式在促进本国经济增长的同时，制造了全球范围内的人力资源、物质资源、自然资源的巨大浪费，以及人文环境与生态环境的不断恶化，这些至今依然是制约发展中国家经济发展的历史纽结；以刺激"有效需求"来促进经济增长的凯恩斯主义宏观调控政策，实际上把资本对雇佣劳动从而对人类劳动的剥削推向了对整个自然界的过度索取。

（三）马克思主义可持续发展理论体系和话语体系的建构逻辑

话语是思想与知识的表达，也是反映实践过程、引导实践发展的观念体系。生态话语体系旨在以人类话语权的生态性质、话语运用的生态环境为主线，最终揭示话语和环境的辩证关系。马克思主义是其可持续发展思想话语体系的理论来源。经典马克思主义有一套成熟的话语体系，所以它在世界各国的传播和发展过程中具有很大的影响力和吸引力。因此，马克思恩格斯虽未明确表述过可持续发展概念，但在他们的经典文献中蕴含着极其丰富的可持续发展话语思想。马克思主义可持续发展不仅提供了观察、思考中国可持续发展问题的立场、观点、方法，而且提供了支撑中国可持续发展的基本原理和方法论体系。马克思主义可持续发展思想的内在逻辑，具体可表述为：以物质变换为基点，以生态语言和阶段性话语为关联，以对资本主义生产方式不可持续性的揭露为现实依据，以异化理论进行资本批判为策略，以人的全面发展、人与自然和谐发展为取向。

1. 以"物质变换"作为人类共同体生态话语存在的基本前提

恩格斯在《资本论》第 1 卷英文版序言中说过："一门科学提出的每一种新见解都包含着这门科学的术语的革命。……"可持续发展经济学科也是如此。马克思生态术语的构建，既满足了人类共同体和谐交往实践的需要，也改变了人与人、人与物、人与环境之间动物式的狭隘联系。从这个意义上看，生态术语乃至生态话语是指适应人类共同体的生态生存与交往实践的需要而产生的一种与人类生存生活环境共融共生，积极促进人类交往实践与社会和谐发展的语言。

一般认为，马克思在《资本论》及相关手稿中频繁使用的"物质变换"这一概念，是和今天我们常用的可持续性最为接近的关键词。马克思的"物质变换"有两个层次的意义：一是通过劳动实现人与自然之间的物质变换；二是资本主义条件下"形成普遍的社会物质变换"。马克思用"物质变换"来定义劳动，劳动成为人与自然相互交换物质、信息、能量的过程，通过物质变换，人与自然之间实现了相互养育和双向生成。劳动的发展与社会的发展是相适应的。但是在资本主义社会，资本的本性不断追逐利润，永不满足的生产方式"断裂"了这种物质变换或循环关系。因此，马克思认为，要修复人与自然之间的物质变换，必须推翻资本主义制度，消灭资本主义私有制，必须把人类的生产和消费这一经济循环作为自然界整个循环的一个部分来充分考虑。正是以"物质变换"这一概念为基点，马克思构建了生产与消费相统一，经济与社会、人口、资源与环境相协调的可持续发展思想。对于这一点，也得到国外经济学界的认同。日本经济学家玉野井芳郎说过："能把生产和消费的关系置于人与自然之间物质代谢基础之上的，在斯密以后的全部经济学史中，只有马克思一个。"日本学者植田和弘编著的《环境经济学》因此还认为马克思的物质代谢理论是环境经济学的理论基础，称马克思的思路是环境经济学中的"物质代谢的方法论"①。总之，马克思的物质代谢概念对批判带来可持续性危机的资本主义产业文明以及构筑绿色发展、循环发展和低碳发展等先进发展理念，都能提供指导性的观点。

2. 对英法等资本主义国家资源环境问题的强烈关注和批判，为其可持续发展话语体系的建构提供了丰富的现实依据

18 世纪 60 年代以来在英、法等国家出现的以煤为主要能源，以蒸汽机的广泛应用为标志的工业革命，为大工业体系解决动力的同时，也带来了非常严重的生态、资源和环境问题。作为工业革命"样板"的英国，也是"工业黑化"导致环境污染最严重的国家，是早期环境"公害"的始作俑者和受害者。马克思、恩格斯对资本主义工业化过程中生态环境恶化给工人阶级带来的种种灾难和痛苦感同身受。马克思在《1844 年经济学哲学手稿》中，运用异化劳动造成"文明的阴沟"、造成"自然的荒芜"和"日益腐败的自然界"等独特的话语体系，探讨了人与自然的异化的本质根源；通过调查爱尔兰工人蜗居在毒气熏天的"洞穴"陋室中的生存状况，发出了工人

---

① 韩立新：《马克思的物质代谢概念与环境保护思想》，《哲学研究》2002 年第2 期。

们的"任何一种感觉不仅不再以人的方式存在，而且不再以非人的方式因而甚至不再以动物的方式存在"的感叹！在《资本论》中，马克思还具体分析了煤炭、纺织、建筑、印刷、制衣等行业的工人所遭受到职业病、噪声、毒气、污水污染的情况，揭示了资本家剥削工人的秘密，论述了资本家破坏生态环境、损坏自然资源的逻辑。

　　恩格斯深入曼彻斯特等工业区，根据亲身观察和可靠材料，对工业化城市的环境污染情况和工人阶级生存中的一系列环境问题进行了全面而深入的调查，并于1845年出版《英国工人阶级状况》一书。恩格斯在揭示资本主义的内在矛盾，揭露资本家对工人残酷剥削的同时，也用大量惨烈的事例论述了英国环境污染发生的过程、类型、状态、危害和根源：地力枯竭，土地荒芜。

　　资本积累和资本主义生产所引发的空间变革，工业和农业的分离，城市和乡村的对立，严重"破坏着人和土地之间的物质变换，也就是使人以衣食形式消费掉的土地的组成部分不能回到土地，从而破坏土地持久肥力的永恒的自然条件"①。"盲目的掠夺欲"造成了英国的"地力枯竭"，这一事实每天都可以从"用海鸟粪对英国田地施肥"而必须从秘鲁进口的状况中看到。种子、海鸟粪等，都是从"遥远的国家"进口。所有的殖民地国家眼看着他们的领土、资源和土壤被掠夺，用于支持殖民国家的工业化；河流、空气污染，江河淤浅。产业革命后的英国、法国、德国、美国等大工业城市，由于"生产排泄物"（工厂生产废物）和"消费排泄物"（生活垃圾）大量直接地排放到河流之中，造成了河水的严重污染。恩格斯早在《乌培河谷来信》中就描述了他的家乡乌培河受污染的情形；恩格斯在《英国工人阶级状况》、马克思在《资本论》中大量描述了英国的泰晤士河、艾尔克河、梅得洛克河被污染得臭气冲天的状况；描述了森林消失，气候变迁。

　　伴随着近代工业文明的发展，大农业生产和矿山的大量开采，使得森林日益锐减。"文明和产业的整个发展，对森林的破坏从来

---

　　① 《马克思恩格斯全集》第23卷，人民出版社1972年版，第552页。

就起很大的作用，对比之下，对森林的养护和生产，简直不起作用。"① "英格兰没有真正的森林"，"在苏格兰的'鹿林'中没有一棵树木。人们把羊群从秃山赶走，把鹿群赶上秃山，并称此为'鹿林'。因此，连造林也谈不上"②。森林荒芜，"使土壤不能产生其最初的产品"，并使气候恶化。土地荒芜和温度升高以及气候的干燥，工人居住、工作环境恶化，产业工人身体、精神生活受到严重损害。马克思、恩格斯通过深入的调查，在《英国工人阶级状况》等文章中，深入披露了不同工种工业污染对工人身体的严重损害：磨工面对的粉尘污染及其危害；陶器工人面对的铅、砷污染及其危害；玻璃制品工人面对的高温环境及其危害；采矿业工人面对的环境污染及其危害；纺织和服装业工人面对的环境污染和危害；工人食品的污染状况和危害。马克思、恩格斯对主要资本主义国家在工业化进程中发生的生态环境污染状况的调查分析是全面的、深刻的和具体的，他们对资本主义的生态批判开创了认识资本主义的一个新视角的同时，也为马克思主义可持续发展话语体系的建构提供了丰富可靠的现实依据。

　　3. 资本话语霸权支配下的人的异化是导致资本主义制度不可持续的本质根源

　　关于话语权的异化问题，马克思有一段精彩评述："我们彼此同人的本质相异化已经到了这种程度，以致这种本质的直接语言在我们看来成了对人类尊严的侮辱，相反，物的价值的异化语言倒成了完全符合于理所当然的、自信的和自我认可的人类尊严的东西。"③ 显然，话语权异化源自人的异化，人的异化导致话语权失去根基。西方著名社会学家哈贝马斯认为，语言交往生态系统的破坏是资本主义工具理性统治造成的。而在马克思看来，资本主义社会交往中生态语言系统的破坏，其主要根源是资本超级话语霸权支配下的劳动异化。只有生产力的高度发展、异化的消灭和普遍交往的

　　① 《马克思恩格斯全集》第 24 卷，人民出版社 1972 年版，第 272 页。
　　② 《马克思恩格斯全集》第 23 卷，人民出版社 1972 年版，第 800 页。
　　③ 《马克思恩格斯全集》第 42 卷，人民出版社 1979 年版，第 36 页。

建立，和谐交往的生态语言建构才有可能。

如上所述，马克思恩格斯从本质根源的最深处挖掘导致上述丑陋现象产生的原因。他们从当时的社会现实出发，国家既没有制定和实施过保护生存环境的规章制度，也没有实施过有效约束和控制工业生产中不断发生的污染自然环境的行为，因为在"资本主义生产方式按照它的矛盾的、对立的性质，还把浪费工人的生命和健康、压低工人的生存条件本身，看作不变资本使用上的节约，从而看作提高利润率的手段"①、工业产品"出售时要获得利润成了唯一的动力"的逻辑支配下，资本所拥有的超级霸权话语必然导致在生产、分配、交换和消费的全过程中疯狂地掠夺性使用资源，带来大量的废弃物，造成严重的环境污染。所以到目前为止的一切生产方式，都仅仅以取得劳动的最近的、最直接的效益为目的。那些只是在晚些时候才显现出来的、通过逐渐的重复和积累才生产效应的较远的结果——对生存环境的污染及其对人体的危害，则是完全被忽视了。而这在西欧现今占统治地位的资本主义生产方式中表现得最完全。② 马克思、恩格斯的生态思想是对资本主义资本逻辑的超越，包含着对工业文明的批判和反思，从而使生态文明建设成为马克思主义的内在要求和社会主义的根本属性。

4. 共产主义是自然主义与人道主义双重实现，并最终实现人的全面发展的制度条件

面对日益显现的生态环境问题，与马克思、恩格斯同时代的一些科学家和学者们发出了"文明是一个对抗的过程"的慨叹。在他们看来，文明的发展与生态的破坏是人类必然要面对并且无法逃脱的"两极对立"的悖论。马克思、恩格斯没有迷信这个悖论，而是致力于从认识论根源、制度根源、阶级根源和社会根源等方面入手，破解文明与自然对抗的世界难题。从认识论层面看，生态环境问题有其认识论根源。从哲学层面审视，近代启蒙运动以来西方文化实质上是一种工具理性，即以主客二分的思维方式为主导的文

---

① ［德］马克思：《资本论》第3卷，人民出版社2004年版，第102页
② 《马克思恩格斯选集》第4卷，人民出版社1995年版，第385页。

化，主客二分的思维模式。这种思维方式将人与自然对立起来，体现为人类中心主义与西方中心论，是单一现代性的思想根源，是当代生态危机的思想根源。这种文化主导下的人的主体能动性高度膨胀，把自然界当作"榨取"、"盘剥"甚至"虐待"的否定性的对象，没有按照真正意义上的"属人的方式"去与大自然打交道，完全忽视和忘记了人类在自然面前的受动性的一面，突破不可违背的自然规律的最低伦理底线，只能带来深重的灾难。

基于上述分析，马克思、恩格斯得出了文明并不是一个"不可避免的对抗过程"的结论。他们坚信人类完全有可能在与自然的和谐共处中求得发展与进步，这个设想的"自然必然性的王国"就是代表资本主义社会的未来新型的制度形式——共产主义。马克思认为："共产主义，作为完成了的自然主义，等于人道主义，而作为完成了的人道主义，等于自然主义，它是人和自然界之间、人和人之间的矛盾的真正解决，是存在和本质、对象化和自我确证、自由和必然、个体和类之间的斗争的真正解决。它是历史之谜的解答，而且知道自己就是这种解答。"① 在这个社会里："……自由只能是：社会化的人，联合起来的生产者，将合理地调节他们和自然之间的物质变换，把它置于他们的共同控制之下，而不让它作为一种盲目的力量来统治自己；靠消耗最小的力量，在最无愧于和最适合于他们的人类本性的条件下来进行这种物质变换。但是，这个领域始终是一个必然王国。在这个必然王国的彼岸，作为目的本身的人类能力的发挥，真正的自由王国，就开始了。但是，这个自由王国只有建立在必然王国的基础上，才能繁荣起来。"② 马克思关于共产主义社会的设想和蓝图，虽然是建立在资本主义创造的物质基础之上的，但是，"社会上的一部分人靠牺牲另一部分人来强制和垄断社会发展（包括这种发展的物质方面和精神方面的利益）的现象将会消灭③"。在新型的制度安排下，"社会化的人"将根据最符合"人类本性"的要求，"消耗最小的力量"，"合理地调节"人类与自然

---

① 《马克思恩格斯文集》第 1 卷，人民出版社 2009 年版，第 185—186 页。
② ［德］马克思：《资本论》第 3 卷，人民出版社 2004 年版，第 928—929 页。
③ 同上书，第 928 页。

之间的"物质变换"。这些先进理念和价值诉求，都与现代社会的生态理念完全一致，理应成为今天我们建设生态文明的指导思想。

四   马克思主义可持续发展思想的主要内容

（一）马克思自然观中的可持续发展思想

马克思自然观在其基础理论中占据突出的重要位置。按照孙正聿教授的理解，马克思的自然观包括三重内涵：作为一切存在物的总和的自然、作为人类活动环境的自然以及作为人类活动要素的自然。第一类自然概念构成了马克思主义自然观的唯物论基础，在第二、第三类自然概念中，马克思展开了马克思主义自然观的辩证法和历史性，并最终把自然概念从自然哲学概念变成了历史唯物主义概念、政治经济学概念。马克思的自然观对于准确理解可持续发展问题具有重要的理论与现实意义。与马克思以前的旧唯物主义从直观的角度出发解释客观世界、解释世界和人，从而在自然观上陷于僵化和形而上学、在历史观上陷于唯心主义不同，马克思以"历史"的解释原则代替"直观"的解释原则，通过变革唯物主义而坚持了唯物主义。在以"现实的人及其历史发展"为出发点的历史唯物主义原理中，自然界包括人自身的自然和身外的自然依然是人得以存在、历史得以进行的基础，只不过它已经从与人无缘的、僵死不变的存在物变成了作为人的实践活动之结果的、历史变化着的存在物，使得包括自然观在内马克思主义发展观彻底建立在历史唯物主义基础之上，为人与自然、人与人关系的和谐相处奠定了唯一正确的科学的方法论基础。马克思主义自然观的最大实践意义在于其与现代物质生产的密切相关。现代社会的物质生产随着科学技术的迅猛发展得到了极大发展。而发展结果具有双面性：积极的方面是现代生产力的极大提高，从而极大地提高了劳动生产率，创造出巨大的物质财富，使人们的物质生活水平有可能得到根本的提高；消极的方面是对自然界的无节制的开发带来了深重的全球性环境破坏和生态灾难。从可持续发展这一论题出发，马克思主义对人与自然关系的论述以及对生态问题的预测，能给予我们深刻的启迪。以马克思基于农业可持续发展的论述为例。马克思在评论德国植物学家弗腊斯所著的《各个时代的气候和植物界，二者的历史》一书中表达了这样一个观点：草地用于农业耕作在最初意义上是有益于社会发展的，但如果任由耕作自发进行，而没有有意识地加以控制，就会带来土地荒芜等生态灾难等问题。也就是说，面对发展带来的双刃剑效应，马克思的意见是以"有意识地加以控制"的行为来代替"自发进行"的行为。与罗马俱乐部的"悲观论"和"市场、科技万能论"等"乐观论"相比较，这种审慎、辩证立场与观点，显然更具有现实指导意义与实践应用价值。

（二）马克思生态观中的可持续发展思想

首先，马克思生态观揭示了人与社会是自然界长期发展的结果，是自然界的一个有机组成部分，对自然界具有天然的依赖性。其次，马克思生态观认为人与自然界之间是通过社会实践中介发生作用的，是自然的人化与人化的自然的统一。人在劳动过程中结成了各种社会关系，形成了不同的群体，以不同的生产方式同自然进行物质变换。再次，马克思生态观十分重视人类社会的生产方式对生态系统的反作用，特别是深入分析和批判了资本主义生产方式的内在矛盾及其导致的生态危机。最后，马克思生态观主张人类社会作为生态系统中有意识的能动的子系统，能够对包括人类社会在内的生态系统进行认识和研究，按照合规律与合目的有机统一的尺度去反作用于生态系统，并指出只有代表大多数人利益的共产主义生产方式才能实现人类与自然的和解以及人类自身的和解。马克思主义的生态辩证法涵盖了生态系统的整体与部分、普遍与特殊、斗争与和谐以及物质与精神等不同层面的辩证关系。

（三）马克思循环经济观中的可持续发展思想

客观地说，马克思开创了生产过程中物质资源综合利用—循环经济研究的先河。马克思循环经济观中蕴含的可持续发展理念和思想有：把生产排泄物利用起来的生产是一个循环的物质流动过程，这种循环的物质流动过程不仅涉及企业和一个产业内部的循环，还涉及其他可以把生产排泄物作为它的新的生产要素利用的相关产业；已经触及现代循环经济理论中的核心思想和原则，即与自然条件和谐相处的生产是以资源的节约利用和循环利用为核心，资源使用减量化、再利用、再循环；指生产中形成的废料本质上是生产排泄物，可以通过减量化和再利用重新变成生产的原料，这和现代先进的低碳生产、绿色生产理念高度一致。

关于生产排泄物循环利用的可行性和条件。马克思提出："生产废料再转化为……新的生产要素"，他认为，发展循环经济对产业发展产生重要影响，"所谓的废料几乎在每一种产业中都起着重要的作用"，同时，"消费排泄物对农业来说最为重要"。马克思主义经典作家不仅论述了循环经济的"减量化"、"再利用"、"再循环"（3R）原则和可行性条件，而且对不同的节约方式进行了阐述。马克思指出："把生产排泄物减少到最低限度和把一切进入生产中去的原料和辅助材料的直接利用提到最高限度。"[①] 这正是循环经济中所要求的在生产的输入端口贯彻的"减量化"原则，至于从源头能减少多少资源的使用和废弃物的排放，不仅"取决于所使用的机器和工具的质量"，而且"还取决于原料本身的质量"。[②] 这就要求从提高工艺技术、改进生产流程、革新产品设计和开发新型材料等方面提高资源的利用率，实现"减量化"的目标。马克思积极评价科技进步对生产和消费废弃物"再利用"的积极价值，"化学工业提供了废物利用的最显著的例子。它不仅找到新的方法来利用本工业的废料，而且还利用其他各种各样工业的废料，例如，把以前几乎毫无用处的煤焦油转化为苯胺染料，茜红染料（茜素），近来甚至把它转化为药品"[③]。马克思高度赞扬通过资源的"再循环"而实现的节约。"关于生产条件节约的另一个大类，情况也是如此。我们指的是生产排泄物，即所谓的生产废料再转化为同一个产业部门或另一个产业部门的新的生产要素；这是这样一个过程，通过这

---

① 《马克思恩格斯全集》第 46 卷，人民出版社 2003 年版，第 117 页。
② 同上。
③ 同上。

个过程，这种所谓的排泄物就再回到生产从而消费（生产消费或个人消费）的循环中。"①

关于消费排泄物的循环利用，一方面马克思看到人们对农产品消费的排泄物不能回到土地而造成的巨大浪费和污染，"消费排泄物对农业来说最为重要。在利用这种排泄物方面，资本主义经济浪费很大；例如，在伦敦，450万人的粪便，就没有什么好的处理方法，只好花很多钱用来污染泰晤士河"②。而且，马克思严格区分了因废弃物"再利用"和"再循环"而实现的节约与提高资源利用率而进行"减量化"节约的不同。"应该把这种通过生产排泄物的再利用而造成的节约和由于废料的减少而造成的节约区别开来"③，这就要求在工艺技术、生产流程、产品设计和原料采用等方面，还要优先考虑产品生产和消费产生的废弃物可以"再利用"和"再循环"的方案。另一方面马克思还看到了城市化破坏人和土地之间的物质变换，使以衣食形式消费掉的土地的组成部分不能再回到土地，从而破坏了土地持久肥力的永恒的自然条件。通过城市和乡村的融合发展，可以较好地解决空气、水和土地的污染。

马克思还充分阐述了今天我们耳熟能详的"循环经济"在技术和经济上的可行性。科技的进步不仅发现了废弃物的有用性质，而且通过科技的进步带来机器的应用和改良，提高了资源的利用率，"由于机器的改良，废料减少了"④，"机器的改良，使那些在原有形式上本来不能利用的物质，获得一种在新的生产中可以利用的形态"⑤。由于原材料价格的上涨、大规模生产和不变资本的节约，循环经济也具有经济上的可行性。"原料的日益昂贵，自然成为废物利用的刺激。"⑥"由于大规模社会劳动所产生的废料数量很大，这些废料本身才重新成为贸易的对象，从而成为新的生产要素。这种废

---

① 《马克思恩格斯全集》第46卷，人民出版社2003年版，第94页。
② 同上书，第115页。
③ 同上书，第117页。
④ 同上书，第95页。
⑤ 同上书，第115页。
⑥ 同上。

料，只有作为共同生产的废料，因而只有作为大规模生产的废料，才对生产过程有这样重要的意义，才仍然是交换价值的承担者。这种废料——撇开它作为新的生产要素所起的作用——会按照它可以重新出售的程度降低原料的费用，因为正常范围内的废料，即原料加工时平均必然损失的数量，总是要算在原料的费用中。在可变资本的量已定，剩余价值率已定时，不变资本这一部分的费用的减少，会相应地提高利润率。"① 这就提示人们需要从技术上和经济上两方面，实现从"资源—产品—废物"的不可持续的传统经济发展方式向"资源—产品—再生资源"的可持续的循环经济发展方式转变。

（四）马克思资源配置观中的可持续发展思想

马克思在《资本论》第 2 卷中，基于资本循环和周转理论与再生产理论对资源配置问题进行了非常深入系统的研究，这些理论探究蕴含着丰富的可持续发展思想。

1. 马克思的资本循环理论和资本周转理论揭示了市场经济可持续发展的客观规律

按照马克思的理论，产业资本的运动表现为资本循环。就单个资本的循环来看，它必须不停顿地从流通领域进入生产领域，再从生产过程进入流通过程，这样才能不断增值自己的价值，实现资本追逐剩余价值的目的。资本循环理论的关键在于资本运动的连续性。任何一个企业在市场运行中都必须把全部预付资本按照一定的比例，使之同时在货币资本、生产资本、商品资本三种职能形式上并存。这种必然性不是人们主观决定的，而是资本运动的客观规律所要求的。这种社会总资本的不断循环、不断周转就构成了经济的可持续发展。也就是说，无论在企业内部、企业之间，还是在地区之间和国家之间，都存在经济资源通过市场配置转化为生产要素，进而形成满足社会需要的商品的内在要求，也就是资本循环的要求。而所有资本循环的过程，就构成全社会所有经济资源通过市场配置的过程。很显然，资本循环的过程是一个连续不断的过程，从

---

① 《马克思恩格斯全集》第 46 卷，人民出版社 2003 年版，第 94 页。

社会经济的角度看，也是一个持续发展的过程。

资本周转理论是资本循环理论的直接继续。它们研究的对象都是单个产业资本的运动或再生产过程。资本的运动首先表现为循环，其次表现为周期反复的循环。从本部分所涉及的论题——可持续发展来看，马克思的资本周转理论中引入了时间概念对资源配置问题进行了动态考察。对于单个企业而言，资本周转时间是其必须预付资本以便增值并恢复它原有形态的时间，这关系到同量资本由于周转时间不同而带来的年剩余价值率不等的大问题——资源配置效率问题。如果说，资本循环理论告诉我们经济资源的转换和配置不应中断，而应该持续的话，那么，马克思资本周转理论要告诉我们，这种经济资源的转换和配置的持续性还应该是有效率的。总之，马克思关于资本循环和周转理论深刻地揭示了资本流通过程的运动规律，同时对社会主义市场经济条件下提高生产和流通的可持续性，加速资本周转，从时间和速度上取得最大的经济效益，提供了重要的科学依据。

2. 马克思关于社会总资本再生产理论和原理，揭示了简单再生产和扩大再生产得以持续的前提条件，也揭示了社会经济可持续发展的实现条件

社会总资本再生产理论，在《资本论》第 2 卷中占有中心地位，是马克思经济学说中最精彩的部分之一。按照列宁的说法，它是马克思做出的仅次于资本积累学说的"另一个极其重要的新贡献"[①]。马克思立足于 19 世纪中叶资本主义经济发展的客观实际，在批判地继承资产阶级古典经济学理论，特别是"斯密教条"和魁奈理论的基础上，从社会再生产的高度，运用科学的抽象法对资本运动在流通领域里的矛盾、规律进行总结性分析，并含有丰富的经济可持续发展思想。社会总资本再生产理论是对剩余价值的实现问题做概括研究的理论，是政治经济学中最复杂的问题之一。

马克思认为再生产在一切社会经济形态中都存在，他指出："不管生产过程的社会形式怎样，它必须是连续不断的，或者说，必须周而复始地经过同样一些阶段。一个社会不能停止消费，同

---

① 《列宁全集》第 21 卷，人民出版社 1975 年版，第 46 页。

样，它也不能停止生产。因此，每一个社会生产过程，从经常联系和它不断更新来看，同时就是再生产过程。"① 马克思认为，社会总资本再生产的条件，就是社会总产品各个部分如何实现的条件，也就是社会再生产的价值补偿和实物补偿问题，本质上其实就是社会总资本再生产是否具有可持续性的问题。马克思指出，社会总资本运动"不仅是价值补偿，而且是物质补偿，因而既要受社会产品的价值组成部分相互之间的比例的制约，又要受它们的使用价值、它们的物质形式的制约"② 。补偿是制约生产、分配、消费和交换整个再生产过程的重要条件。从人类生产活动一开始，补偿也就随之产生，但新古典经济理论难以解释资源枯竭和生态环境污染问题，就连经济学的效益指标 GDP 等有关指标，也无法衡量生产过程中所付出的包括环境效益的活劳动和物化劳动耗竭问题。产生上述问题的原因固然很多，但其主要症结还是在社会再生产过程中把资源、生态、环境等因素排斥在价值运动之外，没有建立和形成适应经济、社会和环境协调发展的价值运动体系。马克思强调投资要素的价值和实物双重补偿的重要性，特别是考虑实物补偿，使马克思经济学超越了新古典范式——价值补偿。即使实现了价值补偿，如果实物补偿受阻，同样也会严重影响简单再生产乃至扩大再生产过程的实现，国民经济各个部门之间的相互需求、相互供给，互为条件、互为制约的关系就会被打破，部门再生产的格局就不能顺利实现。

马克思社会总资本再生产理论和原理从价值补偿和实物补偿角度探讨可持续发展问题，充分说明了满足人类需要的生活消费以及由此产生的生产消费是社会再生产得以持续，从而具备经济发展得以持续的根本前提。

（五）马克思消费观中的可持续发展思想③

马克思消费观是体现人与自然和谐统一的适度消费观。马克思主张适度消费，既反对抑制消费的禁欲主张，也反对奢侈浪费的过

---

① ［德］马克思：《资本论》第 1 卷，人民出版社 1975 年版，第 621 页。
② ［德］马克思：《资本论》第 2 卷，人民出版社 1975 年版，第 437—438 页。
③ 董立清：《浅析马克思主义消费观》，《光明日报》2011 年 12 月 4 日第 7 版。

度消费。他在论述劳动力节约时精辟地指出："真正的经济节约就是劳动时间的节约。"①而这种节约就等于发展生产力。发展生产力与发展消费能力（同时又是发展消费资料）是同步的，这与禁欲完全是两回事。禁欲绝不是发展经济的条件，只有靠提高劳动生产率、节约劳动时间，才能发展经济。马克思在论及相对剩余价值时明确指出，要求生产出新的消费，要求在流通内部扩大消费范围，就像以前（在生产绝对剩余价值时）扩大生产范围一样。第一，要求扩大现有的消费量；第二，要求把现有的消费量推广到更大的范围，以便造成新的需要；第三，要求生产出新的需要，发现和创造出新的使用价值。但马克思也反对超过生产力发展水平的过度消费，即反对奢侈浪费。马克思深刻地指出：奢侈是自然必要性的对立面。必要的需要就是本身归结为自然体的那种个人的需要。恩格斯也特别强调消费要与人类本性的自然需求相称、与生态环境的承载力相匹配。在一种与人类本性相称的状态下，社会应当考虑，靠它所支配的资料能够生产些什么，并根据生产力和广大消费者之间的这种关系来确定，应该把生产提高多少或缩减多少，应该允许生产或限制生产多少奢侈品。

马克思和恩格斯既反对奢侈消费，又反对超过资源禀赋承载能力的过度生产。在马克思看来，"奢侈是自然必要性的对立面。必要的需要就是本身归结为自然主体的那种个人的需要"②。恩格斯指出："在一种与人类相称的状态下……社会应当考虑，靠它所支配的资料能够生产些什么，并根据生产力和广大消费者之间的这种关系来确定，应该把生产提高多少或缩减多少，应该允许生产或限制生产多少奢侈品。"③这种适度的消费观不仅有利于社会再生产的发展，符合生产力发展规律的客观要求，而且也体现了人与自然界的和谐统一，是现代绿色消费观念的理论先导与基础，更是马克思主义理论当代意义的重要体现。

马克思的消费观不仅是十分丰富的，而且其理论的社会主义指

① 《马克思恩格斯全集》第31卷，人民出版社1998年版，第619页。
② 《马克思恩格斯全集》第30卷，人民出版社1995年版，第525页。
③ 《马克思恩格斯全集》第3卷，人民出版社2002年版，第462页。

向也非常明确。马克思消费观形成之后，随着时代的变化，在其创始人马克思、恩格斯的思想基础上，得到了进一步发展。马克思主义消费观与我国实际相结合，形成了中国化的马克思主义消费观。中国化的马克思主义消费观已逐步形成并发展成为一个完整的思想体系，它对于指导我国人民的消费具有重大的理论意义和实践意义。我们必须坚持这一科学消费思想，把它作为制定和完善消费制度、消费政策的理论依据，并以这一科学消费思想为指导，构建中国特色社会主义消费模式，使消费与社会主义物质文明、精神文明、政治文明、生态文明相适应。深刻领会马克思主义的消费观的目标指向，对于建设中国特色社会主义，具有重要的现实指导意义。

马克思主义经典作家不仅强调了消费对环境的压力，不能超过自然生态环境的吸收能力、补偿能力、再生能力和恢复能力，而且论述了消费要与经济发展水平和生产能力相适应，同时避免过度奢侈消费和消费不足。还看到奢侈浪费在资本主义私有制的条件下的必然性，"但资本主义生产的进步不仅创立了一个享乐世界；随着投机和信用事业的发展，它还开辟了千百个突然致富的源泉。在一定的发展阶段上，已经习以为常的挥霍，作为炫耀富有从而取得信贷的手段，甚至成了'不幸的'资本家营业上的一种必要。奢侈被列入资本的交际费用。……但是资本家的挥霍仍然和积累一同增加，一方决不会妨害另一方"[①]。马克思主义经典作家不仅强调对可循环和再利用的产品的绿色消费理念，而且强调人类要不断增加对发展资料和精神产品的消费，从而把绿色消费的理念提高到前所未有的高度。人类对物质产品的适度消费，绝不仅仅意味着人类的自我克制，而是有更多时间进行教育培训和精神文化的消费，从而在实质意义上实现人类的解放和全面发展，同时通过这种"绿色"的全面消费而实现的人类素质的提高反过来又促进生产力的发展。在马克思经济学的视域内，"真正的经济——节约——是劳动时间的节约（生产费用的最低限度——和降到最低限度）。而这种节约就等于发展生产力。可见，决不是禁欲，而是发展生产力，发展生产

---

① 《马克思恩格斯全集》第44卷，人民出版社2001年版，第685页。

的能力，因而既是发展消费的能力，又是发展消费的资料。消费的能力是消费的条件，因而是消费的首要手段，而这种能力是一种个人才能的发展，生产力的发展"①。马克思认为"工人必须有时间满足精神需要和社会需要"②，"……不仅可能保证一切社会成员有富足的和一天比一天充裕的物质生活，而且还可能保证他们的体力和智力获得充分的自由的发展和运用"③。

（六）　马克思人口观中的可持续发展思想

马克思主义经典作家不仅提出人自身的生产的可持续问题，而且提出人自身生产要与物质生产和自然相适应，才能保持发展的可持续性。恩格斯指出："根据唯物主义观点，历史中的决定性因素，归根结蒂是直接生活的生产和再生产。但是，生产本身又有两种。一方面是生活资料即食物、衣服、住房以及为此所必需的工具的生产；另一方面是人自身的生产，即种的蕃衍。"④ 人口生产同样涉及人与自然的关系和人与人之间的关系，"生命的生产，无论是通过劳动而达到的自己生命的生产，或是通过生育而达到的他人生命的生产，就立即表现为双重关系：一方面是自然关系，另一方面是社会关系"⑤。从社会关系角度看，"人口究竟能在多大程度上超出它的限制，这是由限制本身决定的，后者确切些说，是由设定这个限制的那同一个基础决定的"⑥。因为即使保持人均生活水平不下降，随着人口规模急剧扩大，对物质总需求也会迅速增加，这就要求扩大再生产，从而加大对资源需求和环境的压力。如果人口的增长率超过了生产的增长率，必然导致人均生活水平的下降。因此，保持适度的人口出生率和适度的人口总量是必要的。同时，适度人口还意味着人口中的劳动力结构和数量的供给，与简单再生产或扩大再

---

① 《马克思恩格斯全集》第 31 卷，人民出版社 1998 年版，第 107 页。
② 《马克思恩格斯全集》第 44 卷，人民出版社 2001 年版，第 269 页。
③ 《马克思恩格斯选集》第 3 卷，人民出版社 1995 年版，第 757 页。
④ 《马克思恩格斯选集》第 4 卷，人民出版社 1995 年版，第 2 页。
⑤ 《马克思恩格斯选集》第 1 卷，人民出版社 1995 年版，第 80 页。
⑥ 《马克思恩格斯选集》第 30 卷，人民出版社 1995 年版，第 609 页。

生产对劳动力的需求相符合。马克思指出："生产资料的数量，必须足以吸收劳动量，足以通过这个劳动量转化为产品。如果没有充分的生产资料……劳动就不能得到利用……就没有用处。如果现有生产资料多于可供支配的劳动，生产资料就不能被劳动充分利用，不能转化为产品。"① 如果人和物的比例关系不能满足社会扩大再生产，甚至简单再生产的需要，发展的可持续就会遭到破坏。当然，人类社会的可持续发展不是建立在人口数量的不断增加上，而是依靠人口质量和素质的提升带来的劳动生产率的提高。马克思强调人口素质提高的重要性，"真正的财富就是所有个人的发达的生产力"②。马克思当时就看到，随着资本有机构成的提高和技术水平的提升，同样的生产规模对劳动力的数量需求下降，而对劳动力的素质要求却提高了。同样，人口的数量和质量也会反过来影响生产的方式。低素质的人口必然采取外延式、粗放型的生产方式，这种生产方式对自然资源的投入大而产出低，对生态环境损害大，而经济效益和社会效益低，是不可持续的。"个人的充分发展又作为最大的生产力反作用于劳动生产力"③，而控制人口数量和提高人口质量，也像物质生产一样需要转变生产观念和实施生产计划。恩格斯指出："……必须立刻进行这种（社会主义）改革，原因是只有这种改革，只有通过这种改革来教育群众，才能够从道德上限制生殖的本能。""人类数量增多到必须为其增长规定一个限度的这种抽象可能性当然是存在的。但是，如果说共产主义社会在将来某个时候不得不像已经对物的生产进行调节那样，同时也对人的生产进行调节，那么正是这个社会，而且只有这个社会才能无困难地做到这点。"④

（七）马克思城乡一体⑤、工农一体观中的可持续发展思想

马克思、恩格斯认为，城与乡的分离到对立，再到最终融合，

---

①　《马克思恩格斯全集》第 45 卷，人民出版社 2003 年版，第 34 页。

②　《马克思恩格斯全集》第 31 卷，人民出版社 1998 年版，第 104 页。

③　同上书，第 108 页。

④　《马克思恩格斯选集》第 4 卷，人民出版社 1995 年版，第 642、641 页。

⑤　岑乾明：《马克思恩格斯的城乡观及其当代价值研究》，中国社会科学出版社 2013 年版，第 99—115 页。

是社会分工主要是工商业劳动与农业劳动分工的结果。因此，实现城乡一体、工农一体既是可能的也是可行的。马克思指出："城市和乡村的对立的消灭不仅是可能的。它已经成为工业生产本身的直接必需，同样它也已经成为农业生产和公共卫生事业的必需。只有通过城市和乡村的融合，现在的空气、水和土地的污染才能排除，只有通过这种融合，才能使目前城市中病弱的大众把粪便用于促进植物的生长，而不是任其引起疾病。"[①] 而且通过一定的组织形式可以发挥城乡的优点而避免二者的缺陷，"公民公社将从事工业生产和农业生产，将把城市和农村生活方式的优点结合起来，避免二者的片面性和缺点"[②]。

　　马克思主义经典作家主张，通过人口平衡分布、城乡生活形成互补来实现。"乡村农业人口的分散和大城市工业人口的集中，仅仅适应于工农业发展水平还不够高的阶段，这种状态是一切进一步发展的障碍，这一点现在人们就已经深深地感觉到了。"[③] 主张人口均衡分布促进城乡协调发展，促进人口、资源与环境系统共生共存的思想，马克思显然是从当时德国农业化学家李比希那里得到启发。李比希认为人是自然的一部分，人与自然要保持正常的物质和能量的交换，"人应当把取自土地的东西还给土地"。这一思想与当今"循环经济"、"可持续发展"理念是相通的，本质上是一致的。能在 100 多年前提出这样的观点应该说李比希是比较超前的。马克思、恩格斯站在时代前沿，构建了同样具有超前意识的可持续发展理念和思想体系，当然会把当时一切先进的思想和观点吸纳进来，所以他们极力赞成李比希关于"人与自然交换联系"的观点。并且通过工业与农业的协调发展来消除城乡的差别，"把农业和工业结合起来，促使城乡对立逐步消灭"[④]。另外，在列宁那里，特别强调技术性农业生产的增长对发展问题的重要意义。在《论住宅问题》和《资本论》里我们都可以看到李比希思想的影子，如"李比希在

---

① 《马克思恩格斯选集》第 3 卷，人民出版社 1995 年版，第 646—647 页。
② 《马克思恩格斯选集》第 1 卷，人民出版社 1995 年版，第 240 页。
③ 同上书，第 243 页。
④ 同上书，第 294 页。

他论农业化学的著作中比任何人都更坚决地要求这样做，他在这些中一贯坚持的第一个要求就是人应当把取自土地的东西还给土地，并证明说城市特别是大城市的存在只能阻碍这一点的实现"。① "资本主义生产使它汇集在各大中心的城市人口越来越占优势，这样一来，它一方面聚集着社会的历史动力，另一方面又破坏着人和土地之间的物质变换，也就是使人以衣食形式消费掉的土地的组成部分不能回归土地，从而破坏土地持久肥力的永恒的自然条件。"② 一方面，作为商业性农业发展的一种形式，技术性农业可以变为社会生产的一个工业部门，实行农业工业化经营方式；另一方面，加工业技术的改进不仅会提高农业效益，而且至少部分地恢复工农业之间的平衡和相互依赖关系。③ 总之，马克思、恩格斯认为消灭城乡对立与差别不是空想，而是现实要求，是可以通过一定手段，包括人口的均衡分布来实现的："只有使人口尽可能地平均分布于全国……才能使农村人口从他们数千年来几乎一成不变地在其中受煎熬的那种与世隔绝的和愚昧无知的状态中挣脱出来。"④

五 马克思主义可持续发展思想
中国化的最新理论成果

（一）当代中国可持续发展的探索历程与制度创新

当代中国的可持续发展思想理论，是中国特色社会主义理论体系的重要组成部分。这就是在思想上树立尊重自然、顺应自然、保护自然的生态文明理念；在指导方针上坚持节约资源和保护环境的基本国策；通过不断改革和创新，构建完善可持续发展的制度体制；在实践中追求绿色发展、循环发展、可持续发展，建设"两型"社会；通过走生产发展、生活富裕、生态良好的文明发展之路实现现代化；最终以建设美丽中国和实现中华民族永续发展为根本

---

① 《马克思恩格斯选集》第 3 卷，人民出版社 1995 年版，第 215 页。
② 《马克思恩格斯文集》第 5 卷，人民出版社 2009 年版，第 579 页。
③ 《列宁全集》第 3 卷，人民出版社 1984 年版，第 254—255 页。
④ 《马克思恩格斯选集》第 3 卷，人民出版社 1995 年版，第 215 页。

目标，不断满足人民群众对良好生态环境的需求。

中国悠久的开发历史使生态环境付出了极其高昂的代价。所以，植树造林、保持水土在很大程度上、很长时间成为当代中国可持续发展理念最直接、最客观的体现。改革开放后，1982 年 9 月党的十二大政治报告中，就已经意识到农业发展问题中"保持生态平衡"的重要性。党的十三大报告首次在全国代表大会上提到生态环境保护问题并做了详细论述。政治报告指出："人口控制、环境保护和生态平衡是关系经济和社会发展全局的重要问题。"在推进经济建设的同时，"要大力保护和合理利用各种自然资源，努力开展对环境污染的综合治理，加强生态环境的保护，把经济效益、社会效益和环境效益很好地结合起来"。这标志着全党对生态环境问题的认识水平达到了新的高度。党的十四大提出"加强环境保护"，"要增强全民族的环境意识，保护和合理利用土地、矿藏、森林、水等自然资源，努力改善生态环境"。党的十五大针对我国人口众多、资源相对不足的问题指出："在现代化建设中必须实施可持续发展战略。""加强环境污染的治理，植树种草，搞好水土保持，防止荒漠化，改善生态环境。"进入 21 世纪，生态环境等可持续发展问题的重要性更加突出。十六大提出中国要走新型工业化的道路，其战略之一就是实施可持续发展，在基本国策中增加了保护资源的内容。避免西方国家工业化过程中出现的先污染后治理的现象就成为中国的新型工业化道路的显著特征。党的十七大首次在党的全国代表大会上提出建设"生态文明"。党的十八大政治报告专辟一章，以"大力推进生态文明建设"为标题，从"优化国土空间开发格局"、"全面促进资源节约"、"加大自然生态系统和环境保护力度"、"加强生态文明制度建设"四个方面做了专题阐述。这就改变了过去将相关内容置于经济专题如十六大、十五大或社会与民生问题如十四大进行阐述的模式。正因为如此，习近平总书记指出，大力推进生态文明建设，标志着党"对中国特色社会主义规律认识的进一步深化"。

十八大以来，我国加大了制度创新力度，着力构建可持续发展的体制机制保障。主要包括：一是生态文明的评价及奖惩制度。十八大报告指出，把资源消耗、环境损害、生态效益纳入经济社会发展评价体系，建立体现生态文明要求的目标体系、考核办法、奖惩机制。报告将生态文明的评价体系和奖惩制度建设提升到了一个新的高度。二是国土空间开发保护制度。把国土空间开发保护的生态文明制度建设提上议事日程，重点实行区域生态文明建设一体化制度。三是最严格的耕地保护制度。坚持和完善最严格的耕地保护制度，切实实行最严格的节约用地制度。四是最严格的水资源管理制度。大力推行用水总量控制、用水效率控制制度、水功能区限制纳污制度和水资源管理责任和考核制度等一揽子制度安排。五是最严格的环境保护制度。在空间上严格界定、在产业上严格定位和在项目上严格准入。六是推行资源有偿使用制度和生态补偿制度。七是实行生态环境保护责任追究制度和环境损害赔偿制度。八是普及生态文明宣传教育制度。

（二）生态文明制度建设：马克思主义可持续发展思想中国化的最新理论成果

中共十八大把生态文明建设纳入中国特色社会主义事业"五位一体"总布局，提出紧紧围绕建设美丽中国深化生态文明体制改革，加快建立生态文明制度，健全国土空间开发、资源节约利用、生态环境保护的体制机制，推动形成人与自然和谐发展现代化建设新格局。作为人类文明的一种高级形态，作为中国特色社会主义事业总体布局的组成部分，生态文明建设主要涵盖先进的生态伦理观念、发达的生态经济、完善的生态制度、基本的生态安全、良好的生态环境等。

生态文明是人类文明发展到一定阶段的产物，是反映人与自然和谐程度的新型文明形态，体现了人类文明发展理念的重大进步。建设生态文明，不是要放弃工业文明，回到原始的生产生活方式，而是要以资源环境承载能力为基础，以自然规律为准则，以可持续发展、人与自然和谐为目标，建设生产发展、生活富裕、生态良好的文明社会。

1. 推行生态文明建设是国际社会遵循可持续发展战略的世界性潮流

20 世纪中期，西方工业化国家先后发生了严重的环境污染事件，人们开始反思工业化弊端。从 1962 年《寂静的春天》的出版，到 1972 年《增长的极限》的发表和瑞典斯德哥尔摩"人类环境会议"的召开，再到 1992 年联合国"环境与发展大会"和 2002 年联合国"可持续发展世界首脑会议"的召开，等等，国际社会一直在寻求一种有别于传统工业化的模式，希望走上经济发展、社会进步与环境保护相协调的可持续发展道路。

　　一是以生态环境保护为载体的经济发展方式已成为各国追求可持续发展的重要内容。一系列具有里程碑意义的纲领性文件和国际公约相继问世，标志着全世界对走可持续发展之路、实现人与自然和谐发展已达成共识，生态环境与经济、社会一起成为可持续发展不可或缺的三大支柱。目前，国际社会正努力建立一套完整的、可量化的可持续发展目标，进一步提高生态环境在各国发展决策中的地位。二是以生态环境保护为主要内容的可持续发展模式已成为国际竞争的重要手段。在经济全球化大背景下，各国对生态环境的关注和对自然资源的争夺日趋激烈，其背后伴随着巨大的经济利益、政治利益和发展权益之争。一些发达国家为维持既得利益，保持全球竞争的领先地位，通过设置环境技术壁垒，打生态牌，要求发展中国家承担超越其发展阶段的生态环境责任。三是绿色发展、循环发展和低碳发展已成为全球可持续发展的大趋势。国际金融危机爆发以来，许多国家希望通过绿色发展，既保护生态环境，又推动经济复苏，进入强劲可持续增长轨道。近几年一些主要经济体纷纷实施"绿色新政"，采取一系列环境友好型政策，努力把绿色经济培育成为新的增长引擎，确立新的经济发展模式，积极应对气候变化的影响。例如，在 2009 年召开的 G20 峰会上，与会领导达成了"包容、绿色以及可持续性的经济复苏"共识。联合国环境署把绿色经济定位为"可促成提高人类福祉和社会公平，同时显著降低环境风险与生态稀缺的经济"。绿色经济与可持续发展的关系，《迈向绿色经济》是这样阐述的："绿色经济"理念并非要取代可持续发展。但是如今人们日益认可，可持续性的实现几乎完全依赖于采用正确的经济模式。通过"褐色经济"模式创造新财富的数十年并未显著解决社会边缘化和资源耗竭等问题，而且我们距离千年发展目标的实现仍相当遥远。虽然可持续发展仍然是一个重要的长期目标，但是我们必须努力实现绿色经济，达到这一目标。

2. 推进生态文明建设对于落实中国的可持续发展战略的重大意义

第一，推进生态文明建设是保持我国经济持续健康发展的迫切需要。一直以来，人口多、底子薄、发展不平衡是我国的基本国情。现在还应看到，能源资源相对不足、生态环境承载能力不强也已成为我国的基本国情。经过 30 多年的快速发展，粗放的发展方式已难以为继。第二，推进生态文明建设是坚持以人为本的基本要求。坚持以人为本，首先要保障好人民群众的身心健康。人民群众过去"求温饱"，现在"盼环保"，希望生活的环境优美宜居，能喝上干净的水、呼吸上清新的空气、吃上安全放心的食品。民之所望，施政所向。第三，推进生态文明建设是实现中国梦的重要内容。"良好生态环境是最公平的公共产品，是最普惠的民生福祉。"拥有天蓝、地绿、水净的美好家园，是每个中国人的梦想，是中华民族伟大复兴的中国梦的重要组成部分。第四，推进生态文明建设是实现中华民族永续发展的必然选择。生态文明既关系民生福祉，也关系民族未来。大自然哺育了我们的祖先，给予了我们生存与发展条件，还将养育我们的子孙后代。"既要金山银山，更要绿水青山"，要在发展经济的同时，把资源利用好、环境治理好、生态保护好，切实维护大自然对人类的永续供养能力，让大自然能够更好地休养生息，给子孙后代留下更大的发展空间。第五，推进生态文明建设是应对全球气候变化的必由之路。当前气候变化已成为全球面临的重大挑战，维护生态安全日益成为全人类的共同任务。

（三）中国特色可持续发展理论体系和话语体系建构的基本遵循

1. 要立足于变革不公正的国际政治经济秩序的全球视角，以"环境正义"为载体的全球公共治理作为遵循的价值原则，寻求中国可持续发展道路的世界意义

21 世纪的世界不同于 20 世纪的世界，更不同于 17—19 世纪的世界。西方发达资本主义国家为了维护资本的既得利益，不仅不愿意在全球环境保护问题上承担其应尽的责任和义务，而且把当代环

境危机归咎于发展中国家。人类环境问题发展的历史和围绕当代环境治理争论的现实，决定了我们应该坚持立足于全球视野展开对生态文明的理论研究，表明了环境问题绝非单纯的人类价值观的问题，其本质是不同民族国家在生态资源问题上的利益矛盾问题，支配这种生态利益矛盾关系的正是由资本所支配的不公正的国际政治经济秩序。只有破除当前不公正的国际政治经济秩序，才能实现在不同民族国家生态资源分配和使用上的公正公平。

2. 我国的可持续发展理论研究应立足于民族国家发展的特定视角，切实维护中国的发展权和环境权

"西方中心论"的话语成分的确包括"资本主义"、"理性主义"、"现代性"等，"西方中心论"在很大程度上也正是从有关"资本主义"、"理性主义"、"现代性"的话语成分中确立和发展起来的。1972年联合国人类环境会议通过的《人类环境宣言》不仅明确肯定了各国应该承担人类环境保护的责任，而且也明确肯定了各国具有自主选择发展道路和自主利用自身环境资源的权利。但在如何解决当代环境问题的争论中，以"西方中心论"支配下的"西方生态霸权主义"主张经济零增长的稳态经济发展模式，漠视发展中国家应有的发展权利，进而把当代生态危机的根源归因于发展中国家的发展，把发展中国家的发展看成是全球环境的威胁，对发展中国家的发展模式和发展道路横加指责，其目的不过是使发展中国家始终沦为资本主义世界体系的附庸，维护资本的既得利益。

所以，在理论上，我们要确立起马克思主义可持续发展的思维方式，增进对生态公益和生态伦理的认识、把握和理论阐明，旗帜鲜明地反对生态霸权。生态问题，是整个人类世代生存、延续和可持续发展的自然物质基础和最基本的环境条件，应具有最大、最广泛的公益性和纯公共产品属性，珍视、保护和合理利用生态系统，是全人类的社会责任与历史责任。构建合理的生态文明，需要实现人类在思维方式、生产方式与生活方式上的革命性变革。在实践层面，则必须大力反对由资本逻辑主导的、形形色色的新老生态殖民主义，倡导多元文明，确立起生态的生产方式与生态的生活方式。我们应力求在现有的世界经济政治秩序下，在努力解决本国的生态

问题的前提下，争取获得国际共识和合作。同时，在全球性生态问题上，在事关本国和其他发展中国家的生态主权问题上，我们也要主持正义，并同各国人民一起，对生态霸权主义等错误主张，进行有理、有利、有节的斗争，以尽量缓解一些紧迫的全球性生态问题。学术层面，我国的可持续发展研究应立足于如何真正使可持续发展理论作为一种发展观促进我国经济社会的可持续发展，这就必须把生态文明实践中的制度建设和生态价值观的建设结合起来，并最终形成基于中国生态文明建设道路、中国生态文明建设成就而形成的能破解中国特色生态问题的生态文明建设理论体系及其学术思想。

3. 逐步深化以生态文明理论为主要理论标识的中国可持续发展理论体系的研究，形成中国特色的可持续发展话语体系

首先，通过完整系统的"生态文明观"理论体系研究，完善中国特色社会主义理论体系的重要组成部分。加强中国传统文化中的"生态观"、马克思主义"生态观"以及生态马克思主义与生态社会主义思潮的研究，深入剖析工业文明与资本主义经济危机、政治危机和制度危机的关系，结合我国改革发展及生态文明建设具体实际，创建"生态文明观"理论体系，大力发展中国特色社会主义理论体系，并将"生态文明观"作为我国未来经济社会发展和环境保护的指导思想。其次，构建生态文明观指导的哲学社会科学体系。通过深入研究生态文明观，创新和发展马克思主义，形成以生态文明观为指导的哲学、经济学、法学、社会学等社会科学体系。将加强生态文明建设的机制、政策等应用研究，重点开展环境要素和资源价格形成机制、资源有偿使用制度和生态环境补偿机制等方面研究，发挥哲学社会科学理论对生态文明建设的指导作用。

第五章

经济体制改革与政治体制改革研究

一　概念界定与相关理论分析

（一）基本概念

按照我国《辞海》的界定，所谓体制是指国家机关、企事业单位在机构设置、领导隶属关系和管理权限划分等方面的体系、制度、方法、形式等的总称。主要包括经济体制和政治体制。经济体制是指在一定区域内（通常为一个国家）制定并执行经济决策的各种机制的总和。通常是一国国民经济的管理制度及运行方式，是一定经济制度下国家组织生产、流通和分配的具体形式，或者说就是一个国家经济制度的具体形式。一定社会的政治经济关系，即参与政治经济活动的各个方面、单位、个人的地位和它们之间的利益关系，通过一定的政治、经济体制表现出来。

对政治体制内涵与外延的认识，从它与政治制度的关系来看，有几种主要观点：第一种观点认为，政治体制包含政治制度。苏联学者认为，政治体制主要包括社会的政治组织、国家和社会生活的规范基础、作为政治领导手段的政治思想体系以及社会生活政治领域中沟通思想的渠道等。我国部分学者认为，政治体制比政治制度更宽泛，它涵盖国体、政体和具体政治规范。第二种观点认为，政治体制体现和包含于政治制度。这种观点认为，政治体制是政治制度在政治生活过程中的具体化，是政治制度的具体的、外在的表现形式和实施方式。第三种观点认为，政治体制、政治体系、政治系统、政治制度等概念混用，指生活的结构、文化、行为、态度、信仰和价值理念等。

本研究认为，政治体制的概念界定，须涵盖以下几个要点：一是政治体制的合法性问题。从国家的角度看，政治体制与支配有关；从社会的角度看，政治体制与服从支配有关。所以政治体制概念首先关系权力集团何以能够支配民众、民众为何服从支配的问题，即政治体制的合法性问题。合法性是政治共同体的成员对终极价值的共识，是政治体制的价值目标，也是支撑政治体制的理念体系，其内容主要包括平等、自由和民主等。二是政治体制是一种相对稳定的现象存在，一旦形成就能够维持相当长的时间，其变化也是非常缓慢的历史过程。从影响政治体制维持的因素看，首先与政治体制的有效性有关。如果说合法性是政治共同体的终极价值目标，有效性则是政治体制达到阶段性价值目标的能力及其结果。其主要内容包括经济发展、文化发展、和谐稳定的秩序等。经济发展对终极价值的实现具有决定性意义。随着经济发展而增加的财富和教育的普及，改善和提供民众的生活和经济环境，可缓和民众的价值冲突，消解极端主义倾向。三是政治体制是一种外在形态，是实现合法性和有效性的方式和程序，是一系列的结构和程序的有机组合。主要包括社会成员与代议机构的关系、代议机构与政府的关系等。四是政治体制是掌握政权的政治集团为实现价值目标，对政治生活方式所做出的制度安排。从这一意义上说，政治体制是权力集团、价值目标、国内外环境等因素相互制约、相互作用的政治结果。基于上述认识，本研究将政治体制界定为：政治共同体在特定环境中，借助强制力实现合法性和有效性的方式和程序的有机组合。①

政治体制改革是指改变或调整有碍于实现合法性和有效性的方式和程序。政治体制改革须具备一定的条件：一是理论准备。首先，理论必须具有全面性，这是改革顺利推进的基础。必须重视研究、储备包括古今中外有关各种思潮、运动、制度、法律等专业知识和规范要求，才能有效及时应对改革中出现的各种问题。其次，

---

① 李良栋：《新编政治学原理》，中共中央党校出版社 2001 年版，第 334 页。

理论必须具有深刻性。既要重视历史的、价值的、结构的、原则的特殊问题，也要重视历史的、价值的、功能的一般问题研究。最后，理论须具有具体性，要具有现实的可操作性和积极意义。二是主导力量。首先是要有一批具有现代意识、战略思维和国际视野的政治中坚。在中国就是中国共产党这个坚强的领导力量。其次是加强对民众的社会动员，使大多数民众对改革保持高度认同度和支持率。三是经济发展。经济发展是政治发展的社会基础和物质条件。经济发展有利于减少社会冲突，有利于减轻政府压力，有利于社会资源的公平合理有效分配。四是强有力的政府。

（二）政治体制改革与经济体制改革的理论依据

历史唯物主义认为，生产力与生产关系、经济基础与上层建筑的矛盾运动构成社会基本矛盾。正是这些社会基本矛盾运动，才推动社会历史的发展进程。

1. 经济基础与上层建筑

马克思主义认为，在社会中，"生产归根到底是决定性的东西"。生产以及随之而来的产品交换是一切社会制度的基础。在每个历史地出现的社会中，产品分配以及和它相伴的社会划分为阶级或等级，是由生产什么、怎样生产以及怎样交换产品来决定的。马克思在《〈政治经济学批判〉序言》中说："人们在自己生活的社会生产中发生一定的、必然的、不以他们的意志为转移的关系，即同他们的物质生产力的一定发展阶段相适合的生产关系。这些生产关系的总和构成社会的经济结构，即有法律的和政治的上层建筑竖立其上并有一定的社会意识形式与之相适应的现实基础。"[①]

物质生产力是全部社会生活的物质前提。同生产力相适应的生产关系的总和，构成社会的经济结构。社会的经济基础是同生产力发展的一定阶段相适应的生产关系的总和。在经济基础之上作为上层建筑存在的，是社会的政治结构和意识形态结构。生产力结构、经济结构、政治结构和意识形态结构，是社会结构的子系统。社会

---

① 《马克思恩格斯选集》第2卷，人民出版社2012年版，第2页。

结构是社会体系各组成部分或要素之间持久、稳定的相互联系模式。一定的社会结构总是与一定的社会功能联系在一起。社会结构的变化和变革，与这种结构的功能的变化和变革紧密相关。

社会的上层建筑是建立在一定经济基础上的政治、法律制度和设施，以及与之相适应的政治、法律、宗教、艺术、哲学等观点的总和。上层建筑可分为政治上层建筑和思想上层建筑。政治上层建筑即政治、法律制度和实施，体现于人们的政治生活过程中。思想上层建筑即意识形态，体现于人们的精神生活过程。在政治上层建筑和思想上层建筑中，最直接反映经济基础的是政治。政治观点和政治制度是上层建筑中最重要的部分。国家政权是上层建筑中的核心力量。上层建筑建立在经济基础之上，政治是经济的集中表现。思想既反映经济又反映政治，并通过政治来反映经济。

2. 经济基础与上层建筑的相互作用

马克思主义认为，历史过程中的决定性因素是现实生活的生产和再生产。但对历史过程产生影响的，还有上层建筑中的各种因素间的相互作用。对经济基础和上层建筑相互作用的观点，需要全面、辩证地理解。恩格斯晚年针对一些片面理解进行了深刻论述。他指出，作为"社会历史的决定性基础的经济关系"，是指一定社会的人们生产生活资料和彼此交换产品的形式。经济条件是"归根到底制约着历史发展的东西"①。政治、法律、宗教、艺术、哲学等的发展，是以经济发展为基础的，但它们又互相影响并对经济基础发生作用，这是在归根到底不断为自己开辟道路的经济必然性的基础上的相互作用。

关于政治上层建筑特别是国家权力的作用，恩格斯指出："社会产生它不能缺少的某些共同职能，被指定执行这种职能的人，形成社会内部的分工的一个新部门。这样……就出现了国家。"② 国家作为独立的力量，总的来说应当附着于生产运动。然而由于它本身具有的一经获得便逐渐向前发展的相对独立性，又对生产的条件和

① 《马克思恩格斯选集》第4卷，人民出版社2012年版，第649页。
② 同上书，第609页。

进程发生反作用。总的说来，经济运动会为自己开辟道路，但它也要受它所确立的并具有相对独立性的政治运动的反作用。在马克思看来，国家权力对于经济发展的反作用有三种可能性："它可以沿着同一方向起作用，在这种情况下就会发展得比较快；它可以沿着相反方向起作用，在这种情况下……它经过一定的时期都要崩溃；或者是它可以阻止经济发展沿着某些方向走，而给它规定另外的方向——这种情况归根到底还是归结为前两种情况中的一种。"① 这就是说，国家权力适应经济发展要求，经济发展就快；国家权力不适应经济发展沿着反方向起作用，就会对经济发展带来危害；国家权力调整不好便会造成经济发展相对缓慢。

　　关于思想上层建筑、意识形态的反作用，恩格斯指出："物质存在方式虽然是始因，但是这并不排斥思想领域也反过来对物质存在方式起作用，然而是第二性的作用。"② 在意识形态领域，从事相关工作的人们形成社会分工内部的独立集团，他们的产物包括他们的错误在内，就要反过来影响社会发展，甚至影响经济发展。而他们自身又处于经济发展起支配作用的影响之下。

　　总之，社会基本矛盾是一个由生产力、生产关系（经济基础）和上层建筑若干要素或子系统结合而成的特定系统。在这个特定的系统中，不仅生产力与生产关系、经济基础与上层建筑相互作用，而且生产力与上层建筑也相互作用；不仅生产力与生产关系形成一个新的子系统与上层建筑发生相互作用，而且生产力与上层建筑也形成一个新的子系统与生产关系发生相互作用。正如习近平总书记所说："生产力和生产关系、经济基础和上层建筑之间有着作用和反作用的现实过程，并不是单线式的简单决定和被决定逻辑。""只有把生产力和生产关系的矛盾运动同经济基础和上层建筑的矛盾运动结合起来观察，把社会基本矛盾作为一个整体来观察，才能全面把握整个社会的基本面貌和发展方向。"③

---

　　① 《马克思恩格斯选集》第 4 卷，人民出版社 2012 年版，第 610 页。
　　② 同上书，第 598 页。
　　③ 中共中央党校哲学教研部：《习近平关于读经典：学哲学用哲学论述摘编》（内部使用），第 150 页。

3．"两个必然"和"两个决不会"

如上所说，社会存在和发展的必然性，要求生产关系适应生产力，上层建筑适应经济基础。如果一个社会的生产关系不适应生产力发展要求，上层建筑不适应经济基础发展要求，就必须变革生产关系以适应生产力的发展，变革上层建筑以适应经济基础的发展。这便是经济体制改革与政治体制改革的直接理论依据。

在马克思看来，生产的进步、生产力的扩大，是人本身的需求和人类生产活动的本性造成的。因此，他主张"把经济的社会形态的发展理解为一种自然史的过程"①。列宁说："只有把社会关系归结于生产关系，把生产关系归结于生产力的水平，才能有可靠的根据把社会形态的发展看作自然历史过程。"②任何生产力都是一种既得的力量，是以往活动的产物。由于生产力不断进步，促使生产关系以及其他社会关系向前发展。生产关系乃至全部社会关系的改变，都是为了适应由人类生产能力的改进所开辟的可能性而进行的变革。所有这一切，都体现着社会发展的规律性。从这一意义上讲，社会历史发展规律就是社会基本矛盾运动规律。马克思从历史观高度概括了社会基本矛盾导致社会革命的普遍规律："社会的物质生产力发展到一定阶段，便同它们一直在其中运动的现存生产关系或财产关系（这只是生产关系的法律用语）发生矛盾。于是这些关系便由生产力的发展形式变成生产力的桎梏。那些社会革命的时代就到来了。随着经济基础的变更，全部庞大的上层建筑也或慢或快地发生变革。"③

社会形态是经济基础和上层建筑的统一体。社会基本矛盾运动必然导致社会形态变革。《共产党宣言》提出："资产阶级的灭亡和无产阶级的胜利是同样不可避免的。"④资本主义必然灭亡，社会主义必然胜利，这就是"两个必然"。这是就人类历史总的发展趋势而言的。具体的社会发展变革不是人为制造的，而是由特定的历史

① 《马克思恩格斯选集》第2卷，人民出版社2012年版，第84页。
② 《列宁选集》第1卷，人民出版社1995年版，第8—9页。
③ 《马克思恩格斯选集》第2卷，人民出版社2012年版，第2—3页。
④ 《马克思恩格斯选集》第1卷，人民出版社2012年版，第413页。

条件造成的。

马克思在坚持"两个必然"的同时，特别指出"两个决不会"："无论哪一个社会形态，在它所能容纳的全部生产力发挥出来以前，是决不会灭亡的；而新的更高的生产关系，在它的物质存在条件在旧社会的胎胞里成熟以前，是决不会出现的。"① 现代资本主义从社会发展的动力机制和平等机制上进行新的调整，还具有容纳社会生产力发展的空间，所以还不会灭亡；新的更高的社会主义生产关系还未成熟，所以不会取代原有的生产关系。社会革命不是随便什么时候都可以发生，它是社会形态在量变积累基础上的质变。

依据历史唯物主义，我们应该历史地看待和对待社会变革。马克思指出："一种历史生产形式的矛盾的发展，是这种瓦解和新形式形成的唯一的历史道路。"② 从这个意义上看，人类始终只提出自己能够解决的任务，因为任务本身，只有在解决它的物质条件已经存在或者至少是在生成过程中的时候才会产生。

二　我国政治体制改革的历史进程与主要特点

（一）我国政治体制的主要特点与优势

1. 人民代表大会制度

人民代表大会制度是我国一项根本政治制度。其根本性主要体现在两个方面：一是这一制度在我国政治制度体系中居于核心地位，决定着国家社会生活的各个方面和其他各种具体制度；二是这一制度是我国各种国家制度的源泉，国家的其他制度如民事商事制度、国家机构的制度、诉讼制度等都是由人民代表大会通过立法创制出来，都要受到人民代表大会的统领和制约。

同西方议会制度相比，人民代表大会制度的主要特点和重要优势表现在：一是有利于保证国家机关协调高效运转。人民代表大会

---

① 《马克思恩格斯选集》第 2 卷，人民出版社 2012 年版，第 3 页。
② ［德］卡尔·马克思：《资本论》第 1 卷，人民出版社 2004 年版，第 562 页。

作为国家权力机关统一行使国家权力，并与"一府两院"合理分工、协调一致，在充分发扬民主、充分协商、基本达成共识的基础之上作出决定，而不像西方议会党团的相互掣肘、相互拆台、明争暗斗、议而不决。邓小平精辟地指出："社会主义国家有个最大优越性，就是干一件事情，一下决心，一做出决议，就立即执行，不受牵扯"，"没有那么多互相牵扯，议而不决，决而不行。就这个范围来说，我们的效率是高的，我讲的是总的效率"[①]。二是人民代表大会制度有利于集中全国人民的意志，集中力量办大事，共同实现战略目标。从 20 世纪 50 年代农业、手工业和资本主义工商业的社会主义改造，到提出实现"四化"目标；从确立和坚持"一个中心、两个基本点"的基本路线，到提出全面建成小康社会，都是经由全国人民代表大会审议通过后，上升为全国人民的意志并以法律法令的形式动员和组织全国人民去实现的。三是人民代表大会制度有利于我国社会主义制度的巩固和国家的团结稳定统一。我国坚持以公有制为主体、多种所有制经济共同发展的基本经济制度，国家的经济命脉掌握在人民手中，实行人民代表大会制度，有利于坚持和巩固这一基本经济制度，更好地维护最大多数人的利益。

2. 共产党领导的多党合作和政治协商制度

共产党领导的多党合作和政治协商制度，是我国的一项基本政治制度，是马克思主义政党理论和统一战线学说同我国实际相结合的产物，是社会主义民主政治的特有形式和独特优势，是党的群众路线在政治领域的重要体现。

首先，中国共产党领导的多党合作和政治协商制度是一种新型政党制度，既不同于资本主义国家的多党制或两党制，也不同于一些国家的一党制，是根据中国实际做出的伟大创造，具有鲜明的中国特色。这种新型政党制度的主要特点包括：在政党主体上，具有多元包容性和相容性。中国政党制度在主体上不仅是多元的而且多元主体之间是相容的，各政党之间是合作共生关系。在政党地位和作用上，是领导与接受领导、执政与参政有机统一的独特结构。在

---

① 《邓小平文选》第 3 卷，人民出版社 2001 年版，第 240 页。

中国共产党同其他党派的关系上，共产党领导、多党派合作，共产党执政、多党派参政，各民主党派不是在野党和反对党，而是友党和参政党，共产党与各民主党派互相监督，促进共产党领导的改善和参政党作用的加强。在运行方式上，形成了制度化、程序化的协商机制。有立法协商、行政协商、民主协商、参政协商、社会协商，有专题协商、对口协商、界别协商、提案办理协商等。协商形式、内容和程序基本形成，运行机制较为完善。在政党制度的文化理念上，体现了中华民族"和合"的优秀传统文化理念。正如习近平总书记所说，中国特色社会主义政治制度之所以行得通、有生命力、有效率，就是因为它是从中国的社会土壤中生长起来的。中国特色社会主义政治制度过去和现在一直生长在中国的社会土壤之中，未来要继续茁壮成长，也必须深深扎根于中国的社会土壤。①新中国成立 60 多年的实践充分证明，中国特色政党制度在促进社会生产力的持续发展和社会全面进步，实现和发展人民民主，增强执政党和政府活力，保持国家政局稳定和社会安定团结，实现和维护最广大人民的根本利益方面，具有巨大制度优势和旺盛的生命力。

其次，共产党领导的多党合作和政治协商制度，是实行协商民主制度最基本的载体和最佳的实践形式。十八大报告首次提出："社会主义协商民主是我国人民民主的重要形式。"与西方协商民主理论所提出的协商民主机制相比，我国协商民主制度首先强调的是坚持中国共产党的领导。在协商民主制度的框架内，广泛充分地进行政治协商，必须坚持中国共产党对政治原则、政治方向和重大方针政策的领导。它既关注决策结果又关注决策过程，坚持协商于决策之前和决策实施之中，从而拓展了民主的深度；既关注多数人的意见又关心少数人的意见，延展协商渠道和协商形式，从而拓宽了民主的广度。

3. 民族区域自治制度

民族区域自治制度是我国的一项基本政治制度，是"党的民族

---

① 习近平：《在庆祝全国人民代表大会成立 60 周年大会上的讲话》，《人民日报》2014 年 9 月 6 日。

政策的源头"，是中国特色解决民族问题的正确道路的重要内容。以 20 世纪以来的全球眼光观察，我国民族区域自治制度不仅成功解决了国内民族问题，更代表了人类社会一种"先进的"价值取向。换句话说，民族区域自治制度所蕴含的原则、理念及其在实践中所体现出的相关法律制度与政策，是统一的多民族中国有史以来最好的也是最完整的解决民族问题的方式，与世界其他国家相比，其实施也更为成功。新中国成立后特别是改革开放以来，我国在民族区域自治理论与实践等方面进行了多方位、富有成效的积极探索和成功实践。特别是西部大开发战略、兴边富民行动、扶贫开发攻坚战略等重大规划和措施实施以来，我国民族地区经济实力明显增强，基础设施普遍改善，生态环境建设得到重视，扶贫开发工作成效显著，对外开放和旅游业发展势头良好，社会事业发展取得了长足进步。可以说，进入 21 世纪以来，民族地区进入了经济增长最快、发展效益最好、综合实力提高最为显著、城乡居民得到实惠最多的发展时期。

4. 基层民主

基层民主是人民当家作主的一种有效形式，是广大民众在中国共产党的领导下，在城乡基层政权机关、公有制事业单位和基层自治组织中依法直接行使民主选举、民主决策、民主管理和民主监督等民主权利，对所在基层单位和组织的公共事务和公益事业实行民主自治的一种民主形式。我们党和国家历来十分重视基层民主建设，一直把扩大基层民主作为社会主义民主政治建设的基础性工程来抓，通过各种有效形式和途径保证与不断扩大公民有序的政治参与，从制定法律、完善制度、扩大宣传等方面做了大量工作。江泽民指出："改革的目标是扩大基层民主，调动基层和工人、农民、知识分子的积极性。"① 胡锦涛强调，扩大基层民主，保证人民群众直接行使民主权利，依法管理自己的事情，是社会主义民主最广泛的实践，是社会主义民主政治建设的基础性工作。习近平总书记指

① 辛向阳：《江泽民政治体制改革思想研究》，《当代世界社会主义》2007 年第 2 期。

出，全面深化改革必须不断克服各种有违公平正义的现象，使改革成果更多更公平惠及全体人民，保障人民平等参与权利。我国现行《宪法》和《村民委员会组织法》、《城市居民委员会组织法》、《全民所有制工业企业法》等法律法规，对村民、居民委员会以及企业职工代表大会的性质、职权职责及组成方式做出了相应规定，为不断扩大基层民主创造了良好的法制保障。实践充分证明，基层民主已经渗透到社会生活的各个方面，具有全体公民广泛和直接参与的特点，是人民当家作主最广泛的形式。民政部最新统计数据显示，截至 2014 年底，我国基层群众自治组织共计 68.2 万个，其中：村委会 58.5 万个，村民小组 470.4 万个，村委会成员230.5 万人；居委会 96693 个，比上年增长 2.2%，居民小组 135.8万个，居委会成员 49.7 万人，比上年增长 2.7%。全年共有 33.0万个村（居）委会完成选举，参与选举的村（居）民登记数为 4.3亿人，参与投票人数为 3.4 亿人。这是了不起的成就，在世界政治史上是一个奇迹。

（二）我国政治体制改革的历史进程

1. 存量改革时期（十一届三中全会—十四大以前）

十四大之前，我国经济体制改革的根本目标和主要任务即建立社会主义市场经济还没有确立。在此情形之下，政治体制改革的目标和任务就很难确定。所以这个阶段主要是探索解决改革开放之前原有政治体制存在的弊端和问题。借用学者俞可平的话说，"存量"改革是指已经取得的、并为进一步改革奠定必要基础所需要的成就与经验。

党的十一届三中全会在启动经济体制改革的同时，也开启了政治体制改革的进程。这就是：一方面对"文革"及其之前民主建设的经验教训进行深入反思；另一方面针对原有政治体制进行单项探索性改革，同时也积极探索政治体制的总体思路。十一届三中全会促进全党工作重点转向到经济建设上来的同时，邓小平率先推出政治体制改革的问题。他明确指出："我们国家的体制，包括机构体制等基本上是从苏联来的，是一种落后的东西，人浮于事、机构重叠、官僚主义严重，'文化大革命'以前就这样；有好多体制问题要重新考虑，现在我们的上层建筑非改不行。"①

1980年8月邓小平在中央政治局扩大会议上做的《党和国家领导制度的改革》的重要讲话，提出了为了健全党内民主和社会民主必须进行政治体制改革的方针，成为我国政治体制改革的纲领性文件。在这份历史文献中，邓小平客观准确界定了根本政治制度、基本政治制度与具体政治制度之间的关系，这为我们正确理解我国根本政治制度和基本政治制度的关系奠定了理论前提。邓小平认为，社会主义的根本政治制度、基本政治制度包括人民代表大会制度、共产党领导的多党合作和政治协商制度是好的，具有资本主义政治制度所无法比拟的优越性。同时，他深刻指出我们在一些具体制度层面存在的弊端与不足。他总结指出："我们过去发生的各种错误，固然与某些领导人的思想、作风有关，但是组织制度、工作制度方面的问题更重要，这些方面的制度好可以使坏人无法任意横行，制度不好可以使好人无法充分做好事，甚至会走向反面。"因此"制度问题更带有根本性、全局性、稳定性和长期性。"② 邓小平这里强调的"组织制度"、"工作制度"就是政治体制。所以，"如果不坚决改革现行制度中的弊端，过去出现过的一些严重问题今后就有可能重新出现"。因此，"只有对这些弊端进行有计划、有步骤而又坚决彻底的改革，人民才会信任我们的领导，才会信任党和社会主义，我们的事业才有无限的希望"。③

1982年9月召开的党的十二大，提出全面开创社会主义现代化建设新局面的纲领和建设有中国特色社会主义的思路，包括提出经济体制改革的任务。但由于历史条件的限制，虽然提出建设高度的社会主义民主的目标，但对政治体制改革没能做出全面设计和部署。党的十二大后，我国经济体制改革重点从农村转入城市，经济体制改革遇到原有政治体制的阻碍，出现二者不相适应的问题。对此，邓小平多次论述不搞政治体制改革，经济体制改革也搞不通的

① 《邓小平思想年谱》，中央文献出版社2004年版，第438、663页。
② 《邓小平文选》第2卷，人民出版社1994年版，第333页。
③ 同上。

问题。他认为："我们所有的改革最终能不能成功，还是决定于政治体制的改革。"① 1987 年 11 月，党的十三大根据邓小平上述思想，把政治体制改革作为一项相对独立的任务提出来，其着眼点是解决原有政治体制相对滞后于经济体制改革的问题，即权力过分集中和党政严重不分的问题。

党的十三大之后，我国政治体制改革刚刚起步，就遇到了国内外极其复杂情况的影响：国内来看，由于 1989 年春夏之交的政治风波，加之当时经济体制改革的目标任务还不明朗；国外来说，苏联解体、东欧剧变的发生，使得国际共产主义发展遭遇前所未有的困境。这使得我国政治体制改革陷入相对停顿和迷茫。

2. 增量改革阶段（十四大—十八大前）

"增量"是相当于"存量"而言的。增量改革期望通过持续不断的政治改革，达到政治生活中的"帕累托最优"，即最大限度地增大人民群众的政治权益。党的十四大确立了建立和发展社会主义市场经济体制的根本目标，这就为政治体制改革奠定了良好的经济体制基础和支撑。这一阶段，政治体制改革方向更加明确，这就是不但要解决原有政治体制的弊端，更要通过改革使政治体制适应发展市场经济的需要。十四大围绕建立和发展社会主义市场经济指出，政治体制改革的目标是以完善人民代表大会制度、共产党领导的多党合作和政治协商为主要途径，发展社会主义民主政治。

十四大后，随着以市场为取向的经济体制改革日益深化，政治体制改革滞后的问题显得更加突出。党的十五大总结了社会主义市场经济发展经验、呼应发展市场经济的客观要求，明确提出了"依法治国、建设社会主义法治国家"的总目标和任务。此后，在实践中逐步形成建设中国特色社会主义民主政治的理念，提出了党的领导、人民民主和依法治国的有机统一是社会主义民主政治建设的根本原则，这些有益探求极大地丰富了社会主义民主政治建设的理论。

面对新世纪的风云际会和时代呼唤，2000 年 10 月，十五届五中全会通过的《中共中央关于制定国民经济和社会发展第十个五年

---

① 《邓小平文选》第 3 卷，人民出版社 1993 年版，第 164 页。

计划的建议》明确指出："发展社会主义民主政治、依法治国、建设社会主义法治国家，是社会主义现代化的重要目标。"这就将依法治国从治国方略的手段层次，上升为社会主义现代化重要目标的目的层次，将建设社会主义法治国家统一于建设现代化国家的目标之内。党的十六大提出了全面建设社会主义小康社会的战略任务。据此对政治体制改革提出的新要求主要有：改革和完善党的领导方式和执政方式；进一步完善社会主义政治制度；改革行政管理体制，建设公共服务型政府；丰富和拓展公民执政参与形式和渠道等。这是政治体制改革和民主法制建设的又一次重大突破。这一突破是以进一步完善社会主义市场经济为基准，既要解决历史上政治体制改革的弊端，更要着眼于完善市场经济体制全面建设小康社会新的历史需要。党的十七大提出以科学发展观统领全面建设小康社会、构建社会主义和谐社会，这同样为政治体制改革提出了新的目标任务。这就是："要坚持中国特色社会主义政治发展道路，坚持党的领导、人民当家作主、依法治国有机统一，坚持和完善人民代表大会制度、中国共产党领导的多党合作和政治协商制度、民族区域自治制度以及基层群众自治制度，不断推进社会主义政治制度自我完善和发展。"①

3. 全面深化改革阶段（十八大以来）

党的十八大以来，以习近平总书记为核心的党中央在全面深化改革进程中，积极稳妥推进政治体制改革，以保证人民当家作主为根本，以增强党和国家活力、调动人民积极性为目标，深入推进社会主义政治文明建设，开辟了中国特色社会主义政治发展新境界。具体而言②：一是坚定不移走中国特色社会主义政治发展道路，国家治理体系和治理能力进一步提升。三年多来，党中央在形成和协调推进"四个全面"战略布局中，不断加强和改善党的领导，注重改进党的领导方式和执政方式，大力推进国家治理体系和治理能力现代化。注重加强党对各类组织单位、各级地方政权的领导，制定

---

① 《十七大以来重要文献选编》上，中央文献出版社 2009 年版，第 22 页。

② 陈宝生：《政治体制改革在深化》，《求是》2016 年第 5 期。

出台了一系列加强和改进党的建设的制度和举措，党的领导核心作用得到更好发挥。人民当家作主是社会主义民主政治的本质和核心。坚持和完善根本政治制度和基本政治制度，以保证人民当家作主为根本，坚持和完善人民代表大会制度、中国共产党领导的多党合作和政治协商制度、民族区域自治制度以及基层群众自治制度，不断健全民主制度、丰富民主形式。依法治国是党领导人民治理国家的基本方略。深入贯彻落实党的十八届四中全会关于全面依法治国、建设社会主义法治国家的战略部署，积极发挥法治的引领和规范作用，推进法治中国建设。二是坚持和完善人民代表大会制度，根本政治制度理论创新和实践创新不断推进。习近平总书记强调，坚持和完善人民代表大会制度，必须毫不动摇坚持中国共产党的领导，必须保证和发展人民当家作主，必须全面推进依法治国，必须坚持民主集中制。"四个必须"的重要论述，为在新形势下坚持和完善人民代表大会制度指明了方向。三年多来，人民代表大会制度理论和实践创新不断推进，人大监督制度和讨论、决定重大事项制度及宪法实施监督机制和程序进一步健全，中国特色社会主义法律体系不断完善，更好地发挥了立法引领和推动改革的作用。三是中国共产党领导的多党合作和政治协商水平不断提高，基本政治制度焕发出蓬勃生机。党的十八大首次提出"社会主义协商民主是我国人民民主的重要形式"，确立了"社会主义协商民主制度"概念。党的十八届三中全会把"推进协商民主广泛多层制度化发展"作为"加强社会主义民主政治制度建设"的重要内容。《关于加强社会主义协商民主建设的意见》强调，社会主义协商民主"是在中国共产党领导下，人民内部各方面围绕改革发展稳定重大问题和涉及群众切身利益的实际问题，在决策之前和决策实施之中开展广泛协商，努力形成共识的重要民主形式"，并对各种协商形式等做出重要部署。四是行政体制改革不断深化，市场活力和社会创造力有效释放。以"放、管、服"改革为核心，不断深化行政体制改革。党的十八届三中全会《关于全面深化改革若干重大问题的决定》明确提出"使市场在资源配置中起决定性作用和更好发挥政府作用"的重大论断。党和政府主动适应和积极引领中国经济新常态，以简政放权为"先手棋",以深化行政审批制度改革为"突破口",持续发力推进简政放权、放管结合、优化服务。以深化行政审批制度改革为重点推进简政放权,有效激发了市场活力和社会创造力。在简政放权的同时,切实加强市场监管,把该管的事管住管好,创新监管方式,提升政府监管能力。大力优化政府服务,增加服务供给,创新供给方式,织就覆盖全民的社会保障"安全网",为人民基本生活提供保障。"放、管、服"改革协调推进,为稳增长、调结构、促就业、惠民生提供了重要保证。

(三)我国政治体制改革的基本经验

1. 政治体制改革必须从中国实际出发

从中国国情出发推进政治体制改革,必须坚持我国的社会主义基本政治制度,不能简单照搬西方的政治模式。历史和现实反复印证一个道理:一国实行什么样的政治制度,走什么样的民主道路,是由一国的国情所决定的,没有哪一种模式、哪一种道路是放之四海而皆准的。党和国家的长期实践充分证明,只有社会主义才能救中国,只有中国特色社会主义才能发展中国。党的十八大强调,建设中国特色社会主义,总依据是社会主义初级阶段。强调总依据,是因为社会主义初级阶段是当代中国的最大国情、最大实际。实践也一再证明,我们的重大方针、政策符合社会主义初级阶段的基本要求,我们的事业就往前推进;我们的方针、政策脱离了社会主义初级阶段,我们的事业就会遭遇挫折。习近平总书记强调指出:"我国在任何情况下都要牢牢把握这个最大国情,推进任何方面的改革发展多要牢牢立足这个最大实际。不仅在经济建设中要始终立足初级阶段,而且在政治建设、文化建设、社会建设、生态文明建设中也要始终牢记初级阶段;不仅在经济总量低时要立足初级阶段,而且在经济总量提高后仍然要牢记初级阶段;不仅在谋划长远发展时要立足初级阶段,而且在日常工作中也要牢记初级阶段。党在社会主义初级阶段的基本路线是党和国家的生命线。"① 正是从这

---

① 《习近平谈治国理政》,外文出版社 2014 年版,第 10—11 页。

个意义来看，中国特色社会主义制度，坚持把根本政治制度、基本政治制度同基本经济制度以及各方面体制机制等具体制度有机结合起来，坚持把国家层面民主制度同基层民主制度有机结合起来，坚持把党的领导、人民当家作主、依法治国有机结合起来，是符合我国国情、体现中国特色社会主义的特点和优势、保障中国发展基本的根本制度。

2. 政治体制改革必须以经济体制改革为基础

我国仍处于并将长期处于社会主义初级阶段的基本国情没有变，人民日益增长的物质文化需要同落后的社会生产之间的矛盾这一社会主要矛盾没有变，我国是世界最大发展中国家的国际地位没有变。这就决定了经济建设仍然是全党的中心工作。① 再加之制约科学发展的体制机制障碍不少集中在经济领域，经济体制改革任务远远没有完成，经济体制改革的潜力还没有充分释放出来。坚持以经济建设为中心不动摇，就必须坚持以经济体制改革为重点不动摇。我们改革开放的实践一再证明，要顺利推进社会主义全面改革，必须遵循经济决定政治、政治反作用于经济的发展规律，先在经济体制改革上有大的突破，再不失时机地推进政治体制改革；在进行各项政治体制改革的同时，必须继续加大经济体制改革的力度，并使之与政治体制改革相配套，为政治体制改革顺利推进创造坚实的基础。

3. 政治体制改革必须有利于解放和发展生产力

马克思在总结巴黎公社经验的时候，曾阐明了一个重要思想：如果不能使劳动在经济上获得解放，社会主义民主制度"就没有实现的可能，而是一个骗局"。因为"生产者的政治统治不能与他们的社会奴隶地位的永久不变状态同时并存。因此，公社应当成为根除阶级的存在所赖以维持，从而阶级统治的存在所赖以维持的那些阶级基础的工具"。② 这一论述提出了社会主义民主政治建设的一个重要原则，那就是民主政治必须有利于解放和发展生产力。这一基

---

① 《习近平谈治国理政》，外文出版社 2014 年版，第 93 页。
② 《马克思恩格斯选集》第 2 卷，人民出版社 1995 年版，第 387 页。

本原则，对于以经济建设为中心、以解放和发展生产力为最根本任务的社会主义初级阶段而言，尤其需要坚持。全面建成小康社会，实现社会主义现代化，实现中华民族伟大复兴，最根本、最紧迫的任务是进一步解放和发展社会生产力。这是中国特色社会主义政治经济学的核心。任何束缚和阻碍社会生产力发展的言行都背离社会主义本质要求，始终坚持以经济建设为中心不动摇，主动研究发展规律推进科学发展。

4. 政治体制改革必须坚持党的领导、人民当家作主与依法治国的有机统一

从本质规定性来看，党的领导、人民当家作主、依法治国有机统一，是中国特色社会主义政治发展道路的基本原则和核心要求。在三者中，党的领导是中国特色社会主义制度的最大优势，是实现经济社会持续健康发展、人民当家作主和依法治国的根本政治保证。无论是民主发展还是法制建设，都不能离开党的领导。人民当家作主是社会主义民主政治的本质和核心。人民依照法律规定，通过各种形式途径，管理国家事务和社会、管理经济和文化，才能成为国家、社会和自己命运的主人。但人民民主的实现不是自发实现的，而是在党的领导下有目标、有计划、有步骤地向前推进，只有这样人民民主才能健康实现。依法治国是党领导人民治理国家的基本方略。只有实现社会主义民主法制化、规范化和程序化，人民当家作主才能具有切实坚强保证。依法治国必须在党的领导下进行，否则会失去正确方向。正如邓小平所说，我们的改革不能没有共产党的领导，共产党的领导丢不得，一丢就是动乱局面，或者是不稳定状态。苏联和东欧剧变即是明证。从改革的步骤与方法来看，政治体制改革既要坚决又要慎重。所谓坚决就是要坚持改革，大胆探索，敢于试验；所谓慎重就是改革的步子要稳。与经济体制改革相比，"政治体制改革更复杂"①，因为政治体制改革的实质是权力的再分配，会涉及众多利益主体的现实需求。因此必须在党的领导下有步骤、有计划地推进。

――――――――――

① 《邓小平文选》第3卷，人民出版社1993年版，第243页。

三　以中国特色社会主义政治发展的最新理论成果为指引，积极推进政治体制改革

（一）习近平总书记关于深化政治体制改革的重要论述，是中国特色社会主义政治发展的最新理论成果

十八大以来，习近平总书记从历史发展规律的高度、从社会主义 500 年发展史的规律性认识上，深刻阐明了推进政治体制改革的必要性及重要性。他指出，历史、现实、未来是相通的，要把党的十八大确认的改革开放重大部署落实好，就要认真回顾和深入总结改革开放的历程，更加深刻地认识改革开放的历史必然性，更加自觉地把握改革开放的规律性，更加坚定地肩负起深化改革开放的重大责任。习近平总书记关于深化政治体制改革的重要论述，继承和发展了中国特色社会主义政治理论，提出了许多新思想，是新形势下深化政治体制改革的重要指南。这些重要论述主要体现在以下五个方面。[①]

1. 首次提出了推进国家治理体系和治理能力现代化的新命题

1964 年 12 月，周恩来总理在三届全国人大一次会议上宣布了"四个现代化"目标，即工业、农业、国防和科技的现代化。习近平总书记则进一步阐述了推进国家治理体系和治理能力现代化的重大意义和基本内涵，这在马克思主义发展史上尚属首次，是对如何治理社会主义社会做出的中国化、时代化的回答。习近平阐明了在中国特色社会主义语境下"国家治理"的含义，就是中国共产党领导人民治国理政。国家治理体系主要是指国家的制度体系，国家治理能力主要是指运用制度及其体系治理国家的实际本领。

2. 对发展完善中国特色社会主义政治制度提出了一些新思想

例如，党的十八届三中全会明确提出"推进协商民主广泛多层制度化发展"，明确了协商民主制度建设的目标是"构建程序合理、

---

① 陈宝生：《深化政治体制改革的重要思想指南》，《行政体制改革》2014 年第 10 期。

环节完善的协商民主体系"，发展了政协制度的思想。

3. 对政府职能提出了新看法

习近平总书记在十八届三中全会上指出：改革的核心问题是处理好政府与市场的关系，使市场在资源配置中起决定性作用和更好发挥政府作用。这是一个重大的理论创新。创新不仅表现在第一次提出"市场在资源配置中起决定性作用"的论断，而且表现在对政府职能做出了新表述。以前主要是强调政府的宏观调控、市场监管、公共服务和社会管理的职能，现在不仅增加了"环境保护"的职能，而且明确区分了中央政府与地方政府的不同职能，提出要加强中央政府宏观调控的职能，加强地方政府公共服务、市场监管、社会管理、环境保护等职能。

4. 提出了"推进法治中国建设"的新思想

改革开放以来，中国共产党逐步确认了依法治国的理念。在此基础上，习近平总书记进一步提出"推进法治中国建设"，并把法治中国的内涵概括为"坚持依法治国、依法执政、依法行政共同推进，坚持法治国家、法治政府、法治社会一体建设"。十八届四中全会以"依法治国"为主题，在我们党的历史上还是首次。

5. 对强化权力运行制约和监督体系提出新论述

中国共产党历来高度重视反腐倡廉，当年毛泽东就曾与民主人士进行"如何跳出历史周期律"的讨论。习近平总书记继承并发展了这一传统，提出了坚持用制度管权管事管人，让人民监督权力，把权力关进制度的笼子，以制度建设为重点，推进反腐倡廉体制创新的新思路。

（二）以经济体制改革为重点和牵引，为推进政治体制改革奠定坚实基础

1. 以经济建设为中心决定了经济体制改革是全面深化改革的重点

经济建设作为党和国家的中心工作没有变，这就决定了经济体制改革必然是全面深化各项改革的重点。习近平总书记在十八届三中全会第二次全体会议上指出：经济体制改革对其他方面改革具有重要影响和传导作用，重大经济体制改革的进度决定着其他方面很多体制改革的进度，具有牵一发而动全身的作用。这种牵引作用主要表现在：第一，过去经济体制改革的成功经验可以为其他改革提供借鉴，少走弯路。坚持党的领导，坚持中国特色社会主义道路，坚持一切从实际出发，坚持以人为本，既是经济体制改革的成功经验，也是其他领域改革必须坚持的原则。第二，我国经济体制改革取得的巨大成就，增强了对深化其他领域改革的决心和信心。第三，经济体制改革每深入一步，必然对其他改革提出更进一步的要求。经济体制改革越深化，越要求其他领域改革跟上。而我国经济体制领域存在的诸多矛盾问题，包括部门分割、地区封锁、行业垄断等有悖于市场经济规律的现象大量存在；民间资本进入市场存在诸多隐形壁垒；金融市场体系不健全；财税制度不健全；城乡一体化体制机制没有形成；等等。亟须我们坚持以经济体制改革为主轴，在重要领域和关键环节改革上取得突破性进展，形成有利于引领经济发展新常态的体制机制，以此牵引和带动其他领域改革。

2. 以政府和市场的关系为主线，构建发展新体制，深化经济体制改革

使市场在资源配置中起决定性作用，这是我们党对市场规律认识的又一次理论升华。正是认识上的不断深化，才使得我们更加注重发挥市场作用，有力促进了经济持续较快发展。另外，提出市场在资源配置中起决定性作用还具有很强的现实针对性。改革开放后相当一段时期内，我国市场体系和机制尚未建立健全，市场还不能有效配置资源。当前市场体系不完善、市场规则不统一、市场秩序不规范、市场竞争不充分，政府权力过大、审批过杂、干预过多和监管不到位的问题比较突出，影响了经济发展活力和资源配置效率。因此，通过构建发展新体制，紧紧围绕使市场在资源配置中起决定性作用来深化经济体制改革。

一是坚持和完善基本经济制度。坚持公有制为主体、多种所有制经济共同发展的基本经济制度，毫不动摇巩固和发展公有制经济，毫不动摇鼓励、支持、引导非公有制经济发展，保证各种所有制经济依法平等使用生产要素、公平参与市场竞争、同等受到法律

保护。大力推进国有企业改革，坚定不移把国有企业做强做优做大，培育一批具有自主创新能力和国际竞争力的国有骨干企业，增强国有经济活力、控制力、影响力、抗风险能力，更好地服务于国家战略目标。完善各类国有资产管理体制，以管资本为主加强国有资产监管，提高资本回报，防止国有资产流失。积极稳妥发展混合所有制经济，支持国有资本、集体资本、非公有资本等交叉持股、相互融合。推进公有制经济之间股权多元化改革。支持非公有制经济发展，坚持权利平等、机会平等、规则平等，更好激发非公有制经济活力和创造力。废除对非公有制经济各种形式的不合理规定，消除各种隐形壁垒，保证依法平等使用生产要素、公平参与市场竞争、同等受到法律保护、共同履行社会责任。鼓励民营企业依法进入更多领域。

二是建立现代产权制度。健全归属清晰、权责明确、保护严格、流转顺畅的现代产权制度。推进产权保护法治化，依法保护各种所有制经济权益。

三是健全现代市场体系。加快形成统一开放、竞争有序的市场体系，建立公平竞争保障机制，打破地域分割和行业垄断，着力清除市场壁垒，促进商品和要素自由有序流动、平等交换。健全要素市场体系，推进价格形成机制改革，维护公平竞争。

四是加快财税体制改革。围绕解决中央地方事权和支出责任划分、完善地方税体系、增强地方发展能力、减轻企业负担等关键性问题，深化财税体制改革，建立健全现代财税制度。

五是加快金融体制改革。完善金融机构和市场体系，促进资本市场健康发展，健全货币政策机制，深化金融监管体制改革，健全现代金融体系，提高金融服务实体经济效率和支持经济转型的能力，有效防范和化解金融风险。

构建发展新体制、充分发挥市场在资源配置中的决定性作用的同时，要更好地发挥政府的积极作用，着力提高政府宏观调控和科学管理的水平。健全宏观调控体系，创新宏观调控方式，增强宏观政策协同性，更加注重扩大就业、稳定物价、调整结构、提高效益、防控风险、保护环境，更加注重引导市场行为和社会预期，为结构性改革营造稳定的宏观经济环境。强化规划战略导向作用。依据国家中长期发展规划目标和总供求格局实施宏观调控。发挥国家发展战略和规划的引导约束作用，各类宏观调控政策要服从服务于发展全局。完善以财政政策、货币政策为主，产业政策、区域政策、投资政策、消费政策、价格政策协调配合的政策体系，增强财政货币政策协调性。改进调控方式和丰富政策工具。坚持总量平衡、优化结构，把保持经济运行在合理区间、提高质量效益作为宏观调控的基本要求和政策取向，在区间调控的基础上加强定向调控、相机调控，采取精准调控措施，适时预调微调。稳定政策基调，改善与市场的沟通，增强可预期性和透明度。更好发挥财政政策对定向调控的支持作用。完善货币政策操作目标、调控框架和传导机制，构建目标利率和利率走廊机制，推动货币政策由数量型为主向价格型为主转变。完善政策制定和决策机制。加强经济监测预测预警，提高国际国内形势分析研判水平。强化重大问题研究和政策储备，完善政策分析评估及调整机制。建立健全重大调控政策统筹协调机制，有效形成调控合力。建立现代统计调查体系，推进统计调查制度、机制、方法创新，注重运用互联网、云计算、大数据技术，提高经济运行信息及时性、全面性和准确性。加快推进宏观调控立法工作。深化投融资体制改革。建立企业投资项目管理权力清单、责任清单制度，更好落实企业投资自主权。进一步精简投资审批，减少、整合和规范报建审批事项，完善在线审批监管平台，建立企业投资项目并联核准制度。进一步放宽基础设施、公用事业等领域的市场准入限制，采取特许经营、政府购买服务等政府和社会合作模式，鼓励社会资本参与投资建设运营。完善财政资金投资模式，更好发挥产业投资引导基金撬动作用。要围绕建设法治政府和服务型政府，切实解决政府职能越位、缺位、错位的问题；要坚持宏观政策要稳、产业政策要准、微观政策要活、改革政策要实、社会政策要托底，切实加强和改善宏观调控，保持宏观经济稳定，推动可持续发展；要提供更多优质公共产品与服务，通过保障和改善民生，使广大群众共享改革发展成果，促进共同富裕；要更加注重保障公平竞争、加强市场监管、维护市场秩序，创造市场机制正常发挥作用的条件和环境，让市场主体有更多的活力和更大的空间来创造财富、发展经济。

总之，要找准市场功能和政府行为的最佳结合点，切实把市场和政府的优势充分发挥出来，更好地体现社会主义市场经济体制的特色和优势。

3. 正确认识和处理经济体制改革与其他领域改革的关系

一方面，经济体制改革的许多内容贯穿于其他领域改革，比如政府职能转变，既是经济体制改革的重点，又是政治体制改革的重要内容；深化经济体制改革的核心是处理好政府和市场的关系，深化文化体制、社会体制改革同样要处理好政府和市场的关系。从一定意义上说，深化经济体制改革的过程就是深化其他领域改革的过程，经济体制改革每前进一步，都会带动其他领域改革向前迈进。另一方面，深化其他领域改革对经济体制改革也具有促进作用。深化任何一个领域改革都对其他领域改革具有促进作用。深化政治体制改革，建设社会主义法治国家，发展更加广泛、更加充分、更加健全的人民民主，可以激励广大人民群众更加积极地投入到经济体制改革大潮中，促进经济体制改革的深化。

（三）走中国特色社会主义政治发展道路，继续积极稳妥推进政治体制改革

1. 走中国特色社会主义政治的发展道路，必须继续积极稳妥推进政治体制改革

坚持中国共产党领导、人民当家作主、依法治国有机统一。要以保证人民当家作主为根本，坚持和完善根本政治制度和基本政治制度，更加注重健全民主制度、丰富民主形式，从各层次各领域扩大公民有序政治参与，发展更加广泛、更加充分、更加健全的人民民主。推动人民代表大会制度与时俱进，健全立法起草、论证、协调、审议机制，健全"一府两院"由人大产生、对人大负责、受人大监督制度，健全人大讨论、决定重大事项制度，完善代表联系群众制度，充分发挥人民代表大会制度的根本政治制度作用。坚持和完善中国共产党领导的多党合作和政治协商制度、民族区域自治制

度以及基层群众自治制度，扩大公民有序政治参与，充分发挥我国社会主义政治制度优越性。加强协商民主制度建设，构建程序合理、环节完整的协商民主体系，进一步加强政党协商，拓宽国家政权机关、政协组织、党派团体、基层组织、社会组织的协商渠道。完善基层民主制度，畅通民主渠道，健全基层选举、议事、公开、述职、问责等机制。开展形式多样的基层民主协商，推进基层协商制度化。

2. 深化行政管理体制改革

加快政府职能转变，持续推进简政放权、放管结合、优化服务，提高行政效能，激发市场活力和社会创造力。深入推进简政放权。建立健全权力清单、责任清单、负面清单管理模式，划定政府与市场、社会的权责边界。深化行政审批制度改革，最大限度减少政府对企业经营的干预，最大限度缩减政府审批范围。增强简政放权的针对性、协同性。深化商事制度改革，提供便捷便利服务。深化承担行政职能的事业单位改革，大力推进政事分开。提高政府监管效能。转变监管理念，加强事中事后监管。制定科学有效的市场监管规则、流程和标准，健全监管责任制，推进监管现代化。创新监管机制和监管方式，推进综合执法和大数据监管，运用市场、信用、法治等手段协同监管。全面实行随机抽取检查对象、随机抽取执法人员、检查结果公开，强化社会监督。优化政府服务。创新政府服务方式，提供公开透明、高效便捷、公平可及的政务服务和公共服务。加快推进行政审批标准化建设，优化直接面向企业和群众服务项目的办事流程和服务标准。加强部门间业务协同。推广"互联网+政务服务"，全面推进政务公开。

3. 加强社会主义民主法治建设

坚持依法治国、依法执政、依法行政共同推进，坚持法治国家、法治政府、法治社会一体建设，建设中国特色社会主义法治体系，建设社会主义法治国家。

完善以宪法为核心的中国特色社会主义法律体系。维护宪法尊严、权威，健全宪法实施和监督制度。完善立法体制，加强党对立法工作的领导，健全有立法权的人大主导立法工作的体制机制，加强和改进政府立法制度建设，明确立法权力边界。深入推进科学立法、民主立法，加强人大对立法工作的组织协调，健全立法起草、论证、协调、审议机制，健全立法机关主导、社会各方有序参与立法的途径和方式。加快重点领域立法，坚持立改、废、释并举，完善社会主义市场经济和社会治理法律制度，加快形成完备的法律规范体系。

加快建设法治政府。全面实施法治政府建设纲要，深入推进依法行政，依法设定权力、行使权力、制约权力、监督权力，实现政府活动全面纳入法治轨道。依法全面履行政府职能，完善行政组织和行政程序法律制度，推进机构、职能、权限、程序、责任法定化。完善重大行政决策程序制度，健全依法决策机制。深化行政执法体制改革，推行综合执法，健全行政执法和刑事司法衔接机制。坚持严格规范公正文明执法，最大限度地缩小自由裁量权。健全执法考核评价体系。完善审计制度，保障依法独立行使审计监督权。

促进司法公正。深化司法体制改革，完善对权利的司法保障、对权力的司法监督，建设公正、高效、权威的社会主义司法制度。健全司法权力分工负责、互相配合、互相制约机制，完善审级制度、司法组织体系和案件管辖制度。探索设立跨行政区划的人民法院和人民检察院。强化司法人员职业保障，完善确保依法独立公正行使审判权和检察权的制度。全面推进审判公开、检务公开、警务公开、狱务公开，加强人权司法保障。加强对司法活动的监督，健全司法机关内部监督制约机制。完善司法机关办案责任制，落实谁办案谁负责制度。加强监狱、强制戒毒、社区矫正、安置帮教、司法鉴定等设施建设。

全面推进法治社会建设。推进多层次多领域依法治理，提高社会治理法治化水平。加强法治文化建设，弘扬社会主义法治精神，增强全社会特别是公职人员尊法、学法、守法、用法观念，在全社会形成良好法治氛围和法治习惯。深入开展"七五"普法，把法治教育纳入国民教育体系，健全公民和组织守法信用记录。完善法律服务体系，加强律师等法律人才和法律服务队伍建设，推进覆盖城乡居民的公共法律服务体系建设，完善法律援助制度，健全司法救助体系。

参考文献

一 专著

1．《马克思恩格斯选集》，人民出版社 1995 年版。

2．《马克思恩格斯全集》第 1—50 卷，人民出版社 1956—1985 年版。

3．《列宁全集》第 1—60 卷，人民出版社 1984—1990 年版。

4．《毛泽东选集》第 1—5 卷，人民出版社 1951、1952、1953、1960、1977 年版。

5．《邓小平文选》第 1—3 卷，人民出版社 1993—1994 年版。

6．《邓小平思想年谱》，中央文献出版社 2004 年版。

7．《十七大以来重要文献选编》上，中央文献出版社 2009 年版。

8．《习近平谈治国理政》，外文出版社 2014 年版。

9．《新帕尔格雷夫经济学大辞典》，经济科学出版社 1992 年版。

10．李良栋：《新编政治学原理》，中共中央党校出版社 2001 年版。

11．本书课题组：《中国特色社会主义政治发展道路》，中央文献出版社 2013 年版。

12．李良栋：《中国特色社会主义民主政治发展道路研究》，中共中央党校出版社 2014 年版。

13．王怀超：《深入学习习近平关于全面深化改革的有关论述》，中共中央党校出版社 2014 年版。

14．魏礼群：《行政体制改革论》，人民出版社 2013 年版。

15．中国社科院马克思主义研究学部编：《42 位著名学者纵论全面深化改革与依法治国》，中国社会科学出版社 2015 年版。

16．中共中央宣传部理论局：《六个"为什么"——对几个重大问题的回答》，学习出版社 2013 年版。

17．中共中央宣传部理论局：《划清"四个重大界限"学习读本》，学习出版社 2010 年版。

18．［美］阿尼尔·马康德雅主编：《环境经济学辞典》，朱启贵译，上海财经大学出版社 2006 年版。

19．［澳］海因茨·沃尔夫冈·阿恩特：《经济发展思想史》，商务印书馆 1999 年版。

20．［美］保罗·萨缪尔森：《经济学》（第 19 版）下册，商务印书馆 2012 年版。

21．［美］德怀特·H. 波金斯：《发展经济学》（第 6 版），中国人民大学出版社 2013 年版。

22．［英］朱迪·丽丝：《自然资源分配、经济学与政策》，蔡运龙等译，商务印书馆 2002 年版。

23．孙正聿：《马克思主义基础理论研究》，北京师范大学出版集团 2011 年版。

24．岑乾明：《马克思恩格斯的城乡观及其当代价值研究》，中国社会科学出版社 2013 年版。

25．张德昭、李树财：《生态经济学的哲学基础》，科学出版社 2013 年版。

26．洪银兴：《可持续发展经济学》，商务印书馆 2000 年版。

27．程恩富、胡乐明：《经济学方法论——马克思、西方主流与多学科视角》，上海财经大学出版社 2002 年版。

28．［英］莱昂内尔·罗宾斯：《经济科学的性质和意义》，朱泱译，商务印书馆 2000 年版。

29．［美］劳伦斯·A. 博兰：《批判的经济学方法论》，王铁生等译，经济科学出版社 2000 年版。

30．杨耕：《为马克思辩护——对马克思哲学的一种新解读》（修订本），北京师范大学出版集团 2013 年版。

31．［英］马克·布劳格等：《经济学方法论的新趋势》，张大宝译，经济科学出版社 2000 年版。

32. 杨建飞:《科学哲学对西方经济学思想演化发展的影响》，商务印书馆 2004 年版。

33. ［英］J. R. 沙克尔顿:《当代十二位经济学家》，商务印书馆 1990 年版。

34. ［美］米尔顿·弗里德曼:《实证经济学论文集》，柏克译，商务印书馆 2014 年版。

35. ［英］布莱恩·斯诺登主编:《现代宏观经济学发展的反思》，商务印书馆 2000 年版。

36. ［奥］卡尔·门格尔:《经济学方法论探究》，姚中秋译，新星出版社 2007 年版。

37. ［英］霍奇森:《资本主义、价值和剥削——一种激进理论》，商务印书馆 2013 年版。

38. ［美］艾克纳主编:《经济学为什么还不是一门科学》，北京大学出版社 1987 年版。

39. 吴易风主编:《马克思主义经济学与西方经济学比较研究》第 1 卷，中国人民大学出版社 2007 年版。

40. 余斌:《马克思恩格斯列宁斯大林论政治经济学》，中国社会科学出版社 2013 年版。

41. ［法］弗朗索瓦·佩鲁:《新发展观》，张宁、丰子义译，华夏出版社 1987 年版。

42. ［加］韦尔、尼尔森:《分析马克思主义新论》，鲁克俭、王来金、杨洁等译，中国人民大学出版社 2002 年版。

43. ［美］埃尔斯特:《理解马克思》，何怀远译，中国人民大学出版社 2008 年版。

44. ［美］布坎南:《马克思与正义》，人民出版社 2013 年版。

45. 曹玉涛:《分析马克思主义正义论研究》，人民出版社 2010 年版。

46. ［美］罗默:《在自由中丧失》，段忠桥、刘磊译，经济科学出版社 2003 年版。

47. ［英］尼古拉斯·布宁、余纪元编著:《西方哲学英汉对照辞典》，王柯平等译，人民出版社 2001 年版。

48．［古希腊］柏拉图：《理想国》，郭斌和、张竹明译，商务印书馆 1997 年版。

49．李小兵：《当代西方政治哲学主流》，中共中央党校出版社 2001 年版。

50．［美］列奥·施特劳斯、约瑟夫·克罗波西：《政治哲学史》，河北人民出版社 1998 年版。

51．林进平：《马克思的"正义"解读》，社会科学文献出版社 2009 年版。

52．贺照田主编：《西方现代性曲折与展开》，吉林人民出版社 2002 年版。

53．李惠斌、李义天：《马克思与正义理论》，中国人民大学出版社 2010 年版。

54．卞绍斌：《马克思的"社会"概念》，山东人民出版社 2010 年版。

55．陈晏清、王南湜、李淑梅：《马克思主义哲学高级教程》，南开大学出版社 2001 年版。

二　论文

1．朱富强：《如何理解马克思经济学本色、现状及发展》，《学术研究》2014 年第 2 期。

2．韦森：《经济学的性质与哲学视角审视下的经济学——一个基于经济思想史的理论回顾与展望》，《经济学》季刊 2007 年第 6 卷第 3 期。

3．夏莹、崔唯航：《改变世界的哲学现实观》，《中国社会科学》2014 年第 8 期。

4．马艳：《经济学的理论分野与中国主流经济学的创新——兼论马克思主义经济学与西方经济学的逻辑关系》，《学术月刊》2006 年第 5 期。

5．俞品根：《西方经济学研究与中国经济学的发展》，《经济研究》1998 年第 11 期。

6. 习近平：《社会主义市场经济和马克思主义经济学的发展与完善》，《经济学动态》1998 年第 7 期。

7. 张宇：《学好用好发展好马克思主义经济学》，《人民日报》2015 年 1 月 26 日第 16 版。

8. 刘伟：《今天，我们需要什么样的政治经济学》，《人民日报》2015 年 1 月 8 日。

9. 胡培兆：《马克思主义经济学的主流地位不可动摇》，《政治经济学评论》2013 年第 3 期。

10. 杨成林、何自力：《重树马克思科学抽象法在经济学研究中的重要地位——马克思主义经济学和西方主流经济学方法论的比较分析》，《当代经济研究》2011 年第 11 期。

11. 黄娟：《马克思主义生态经济理论的最新成果及其价值思考》，《马克思主义研究》2009 年第 10 期。

12. 潘石：《科学对待私有制与剥削》，《当代经济研究》2005 年第 6 期。

13. 颜鹏飞：《大转折时代：兼论资本主义的新变化》，《经济学家》2009 年第 6 期。

14. 李崇富：《马克思主义生态观及其现实意义》，《湖南社会科学》2011 年第 1 期。

15. 韩立新：《马克思的物质代谢概念与环境保护思想》，《哲学研究》2002 年第 2 期。

16. 李陈、李家祥：《马克思的发展方式观及其对转变经济发展方式的启示》，《经济学家》2013 年第 10 期。

17. 黄志斌、任雪萍：《马克思恩格斯生态思想及当代价值》，《马克思主义研究》2008 年第 7 期。

18. 杜秀娟、陈凡：《论马克思恩格斯的生态环境观》，《马克思主义研究》2008 年第 12 期。

19. 赵士发：《论生态辩证法与多元现代性——关于生态文明与马克思主义生态观的思考》，《马克思主义研究》2011 年第 6 期。

20. 程恩富、王中保：《论马克思主义与可持续发展》，《马克思主义研究》2008 年第 12 期。

21. 程恩富:《当前理论经济学研究和教学的若干问题》,《毛泽东邓小平理论研究》2005 年第 9 期。

22. 丁俊堡:《必须加强马克思主义对西方经济学教学工作的指导》,《当代经济研究》2006 年第 1 期。

23. 叶险明:《马克思哲学革命与经济学革命的内在逻辑及其启示》,《中国社会科学》2010 年第 3 期。

24. 陈宝生:《深化政治体制改革的重要思想指南》,《行政体制改革》2014 年第 10 期。

后 记

　　本书是在我的教育部全国高校优秀中青年思想政治理论课教师择优资助计划项目"马克思主义政治经济学几个重要热点问题"结项报告的基础上修改而成的。非常感谢课题组参与人员马应超副教授，他与我分别承担不同章节，我们经过两年时间的读书与写作，终于完成了这个课题；也非常感谢我的研究生刘卉玫同学，积极主动地帮我查阅资料；非常感谢西北师范大学马克思主义学院的王宗礼院长，他一直关心我们课题的写作进度，并予以鼓励与支持。也非常感谢我们写作过程中所引文献的作者和未列出文献的作者，是他们给了我们一定思想启迪，非常感谢中国社会科学出版社的喻苗编辑对本书所付出的心血和汗水。

马俊峰

2016 年 10 月 6 日